Julian Hellmann

Soweit das Rad uns trägt

Mit dem Tandem von Europa nach Asien

ISENSEE VERLAG
OLDENBURG

Bibliografische Information Der Deutschen Bibliothek

Die Deutsche Nationalbibliothek verzeichnet diese Publikation in der Deutschen Nationalbibliografie; detaillierte bibliografische Daten sind im Internet über http://dnb.d-nb.de abrufbar.

ISBN 978-3-7308-1711-7

Gedruckt bei Isensee in Oldenburg

Danksagung

Wir möchten uns bei den zahllosen Menschen bedanken, die uns immer wieder voller Herzlichkeit als Fremde aufgenommen, uns beschenkt und unsere Reise und unser Leben bereichert haben. Und ganz besonders dankbar sind wir auch unseren Kilometersponsoren, die uns über die Reise begleitet haben in dem Vertrauen, dass wir ihre Spenden sinnvoll einsetzen werden, und uns auch in harten Zeiten Motivation gaben, weiterzufahren. Dank euch konnte das Leben vieler Kinder in Indien ein kleines Bisschen bereichert werden. Wir danken besonders Ole, Bärbel und Stephan, Ina und Ulli, Klaus und Uta, Wilfried und Marianne, Andrea, Ursula und Günter, Johannes, Ludger, Leonie, Sabina, Galina und Radhika.

Widmung

Dieses Buch möchte ich den vielen tapferen Kindern in Bhopal widmen, die uns verzauberten und trotz aller Widrigkeiten eine unglaublich ansteckende Lebensfreude ausstrahlten.

Inhalt

Vorwort

Wir, das sind meine Freundin Viola und ich, Julian, und Anfang August 2019 starteten wir, nachdem wir unser Medizinstudium beendet hatten, in unser bislang größtes Abenteuer. Von Norddeutschland aus wollten wir mit dem Tandem an den am weitesten entfernten Punkt auf der Weltkarte fahren, der nur mithilfe unseres Tandems und unserer Körperkraft erreichbar war: Singapur. Was wir auf unserem Weg dorthin erlebten, wie wir uns dabei fühlten und welche unvorhersehbaren Schwierigkeiten wir durchstehen mussten, wollen wir mit euch teilen und hoffen, dass ihr ein wenig mitfühlen und mitfiebern werdet. Und wir hoffen, ein wenig Motivation und Inspiration für andere zu sein, um ebenfalls aktiv zu werden, etwas zu wagen und vielleicht sogar selbst mit dem Rad loszuziehen.

Zu Reisebeginn waren wir im Alter von 25 (Viola) beziehungsweise 28 Jahren (Julian) und seit etwa drei Jahren ein Paar. Viola war schon immer sehr sportlich und nahm neben ihren Kursen, die sie im Fitnessstudio gab, an einzelnen Triathlons teil. Julian, das bin ich, der diesen Text verfasst hat, war seit über zehn Jahren begeisterter Radrennfahrer und mit meinem Elite-Radsportteam „Embrace the World" schon in viele Länder der Welt gereist, um dort an Rundfahrten teilzunehmen und kleinere eigene Hilfsprojekte durchzuführen.

1 Eine leicht verrückte Idee

Werden wir gefragt, wie die Idee zu dieser Reise entstand, so kennen wir selbst die Antwort nicht genau. Irgendwann während einem unserer Gespräche war sie plötzlich da, wir wollten einfach aufbrechen, losziehen, uns treiben lassen und unsere Grenzen kennenlernen. So wie sich Frierende im Winter nach der Sonne sehnen, so war es bei uns wohl ein wenig der permanente Lernstress gegen Ende des Studiums vor den Staatsexamina, als die Sehnsucht nach Freiheit, dem einfach Losziehen, so groß wurde, dass wir den Entschluss fassten: nach Studienende würde es losgehen, ein Jahr wollten wir uns Zeit nehmen und immer gen Osten fahren. Unser erster Gedanke war: wir fahren mit dem Fahrrad bis nach China. Wir wollten mit eigener Körperkraft so weit fahren, wie es die Kontinente zuließen und am eigenen Körper alles intensiv spüren: den Wind, die Temperatur, die wärmende Sonne, die sich langsam verändernde Landschaft und die Kulturen. Und dazu möglichst umweltschonend unterwegs sein, denn wir wollten beweisen, dass es weitestgehend ohne Emissionen beim Transport möglich ist, die Welt zu bereisen und anderen damit ein Vorbild sein. Ein Fahrrad erschien uns ideal für diese Vorstellungen.

Voller Begeisterung und mit der Überzeugung, dass wir, so zielstrebig wie wir waren, diese Idee in die Tat umsetzen würden, dachten wir nach der ersten Euphorie in den kommenden Monaten etwas realistischer über unser Vorhaben nach. Waren wir charakterlich geeignet, um eine solche Reise mit all den Unwägbarkeiten durchzustehen und nicht irgendwann frustriert in ein Flugzeug zu steigen, um nach Deutschland zurück zu kehren? War das Risiko dieser Reise nicht zu groß für das, was wir gewinnen würden? Welches Material würde uns helfen, diesen Traum zu verwirklichen? Wie würden wir mit unvorhersehbaren Defekten und Materialversagen umgehen und wo würden wir dann sein? Von gemeinsamen Rennradtouren wussten wir, dass Violas Frustrationspotential sehr hoch ist, wenn ich zu schnell oder zu ungleichmäßig fuhr. Wie sollten wir dies überstehen, wenn dazu widrige Umstände und eine tiefe körperliche Erschöpfung kämen? Um mir das gesamte Gepäck zu überlassen, war sie viel zu stolz. Dazu kam eine elementare Frage: Würde unsere zu diesem Zeitpunkt knapp ein Jahr alte Beziehung diesen ultimativen Test bestehen? Und vor allem, wo genau sollte es hingehen, und wo lang?

1.1 Unser Spendenprojekt

Mit dieser Reise wollten wir uns vor allem selbst verwirklichen, diese einmalige Zeit im Leben nach Ende des Studiums nutzen, um etwas Einzigartiges zu vollbringen und um selbst mit den Aufgaben und Erfahrungen zu wachsen. Andererseits fanden wir es schön, wenn unsere Reise auch einen kleinen altruistischen Sinn bekäme, und so entstand schon früh die Idee, mit jedem von uns während der Reise zurückgelegten Kilometer, Spenden zu sammeln. Selbst wenn wir Unterstützer fänden, die uns mit „nur" einem Cent pro Kilometer unterstützen würden, so kämen pro Person am Ende der Reise in etwa 150€ zusammen, und je mehr Unterstützer wir fänden, desto größer würde unsere Spendensumme. Besonders interessant würde unser Spendenprojekt dadurch, dass wir auf unserem Reiseweg verschiedene soziale Projekte spätestens ab Indien besuchen wollten, um uns ein Bild von der Sinnhaftigkeit und Nachhaltigkeit des Spendeneinsatzes in jedem Projekt zu machen und um, wenn möglich, die Spendengelder direkt vor Ort zweckgebunden einzusetzen. Im Laufe unserer Vorbereitungen fanden wir Freunde und Bekannte, die uns mit in der Summe rund 25 Cent pro Kilometer unterstützen würden, was immerhin einer täglichen Spendensumme von 25€ bei einer durchschnittlichen Etappenlänge von 100 Kilometern entspricht. Außerdem würde uns dieses Wissen, für andere etwas Gutes zu tun, indem wir uns weiter voran quälten, in schweren Zeiten eine Extraportion Motivation verleihen. Einzig enttäuschend war für uns in der Vorbereitung, dass keines der angefragten Unternehmen sich an unserem Projekt beteiligen wollte.

Vielleicht hätten wir dafür mit Auftritten bei Instagram, Facebook oder YouTube werben müssen. Wir haben uns allerdings dagegen entschieden, über die sozialen Medien unsere Reise zu vermarkten, denn dies grenzt für uns an "Social media prostitution". Die Gegenleistung für Materialsponsoring oder finanzielle Unterstützung wäre es, sich zu verpflichten, seine

Freiheit und Freizeit während der Reise zu opfern, um sponsorenfreundlich zu posten. Wir unternahmen die Reise aber für uns und nicht für die Interessen irgendwelcher Unternehmen und auch nicht, um möglichst viel Anerkennung in den sozialen Netzwerken zu bekommen. Indem wir unser eigenes Erspartes für die Reise aufwendeten, waren wir am freisten und hatten am meisten Zeit, die Reise unabhängig zu genießen. Um einige Eindrücke und Erlebnisse mit Freunden und unseren Familien teilen zu können, erstellten wir lediglich eine kostenlose Homepage mit Blog, die jedoch nicht über Suchmaschinen auffindbar war. In einem unserer kreativen Augenblicke kam Viola der Slogan "home street home" in den Kopf, den wir unserer Reise gaben. Etwa ein Jahr lang würden die Straßen Europas und Asiens unser Zuhause sein. So entstand unsere Homepageadresse: www.homestreethome0.wixsite.com/homestreethome

2 Die Vorbereitungen beginnen

Nachdem die Idee geboren war, ließen wir unserer Neugier und unserem Tatendrang freien Lauf und planten fast zwei Jahre lang unsere Reise. Für das Problem des Unterschieds unserer Leistungsvermögen fanden wir eine sowohl gelungene und paartherapeutisch wertvolle als auch herausfordernde Lösung. Wir würden die Weltreise auf einem Tandem in Angriff nehmen. Gemeinsam würden wir auf demselben Rad sitzen, dem Anderen dabei vollkommen vertrauen müssen und gemeinsam in die Pedale treten. Unsere Kräfte würden sich einfach addieren und uns gemeinsam voranbringen, über Berge und durch Wüsten, immer gemeinsam und in Ergänzung zum anderen. Auf der anderen Seite aber würden wir uns während der Reise auch kaum aus dem Weg gehen können, denn einfach getrennte Wege zu fahren oder gedankenverloren einige hundert Meter hinter dem anderen herzuradeln, war mit dem Tandem nicht möglich. Stattdessen würde ich als erfahrener Radsportler das Tandem vorne steuern, mich auf den Verkehr konzentrieren und immer wissen, dass Viola mir im Nacken sitzt. Viola hingegen würde viele Monate und täglich stundenlang meinen Rücken vor sich haben, der ihre ansonsten gute Aussicht verdirbt. Dennoch waren wir überzeugt: Nur mit einem Tandem konnte diese Reise gelingen.

Die vielleicht größte Hürde in der Vorbereitung unserer Reise war der Mut, unseren Traum zu verwirklichen und nicht bequem den einfacheren, vorgezeichneten Weg zu gehen. Es wäre sicherlich einfacher, sich nach dem Medizinstudium an einem Krankenhaus zu bewerben und dort seine Weiterbildungszeit als Assistenzarzt zu beginnen, anstatt ein Jahr lang mit allen Unsicherheiten und ohne jegliches Einkommen oder karrierefördernde und lebenslauftaugliche Tätigkeiten mit dem Tandem durch die Welt zu radeln. Doch dass es uns ernst war, zeigte sich spätestens, als ich, da ich ein Jahr vor Viola mein Medizinstudium abschloss, einen befristeten Vertrag in der Schweiz annahm, um passend zu Violas Examen wieder frei zu sein und gemeinsam dieses Abenteuer zu wagen.

Nach anfänglichen Gedankenspielen wurde es spätestens ein Jahr vor Reisebeginn mit dem Kauf unseres Tandems konkret. Über Monate hatten wir Ausschau nach einem unseren Wünschen entsprechenden Tandem gehalten. Wir wollten ein Rennradtandem, das uns schnell und zuverlässig voranbringen würde und dazu noch genügend Griffmöglichkeiten für die Hände mitbrächte. Im Raum München wurden wir schließlich fündig und dank meines Vaters, der den Transport organisierte, besaßen wir ein Jahr vor geplantem Reisebeginn endlich ein gutes, nur wenig gebrauchtes, leuchtend rotes Rennradtandem mit Aluminiumrahmen, und das sogar zu einem annehmbaren Preis.

Es machte uns viel Spaß, uns im Laufe der Monate immer intensiver mit der notwendigen Ausrüstung zu beschäftigen. Welche Reifen würden die besonderen Belastungen tragen können? Welche Gepäckträger waren stabil genug? Welches Zelt war das richtige für uns und welche Isomatten? Wie würden wir unsere Handys aufladen? All diese Fragen und ihre Lösungen würden für uns enorme Wichtigkeit erlangen. Dadurch, dass ich in meiner Freizeit Radrennen fuhr und zusammen mit dem Eliteteam „Embrace the World" (www.etwcycling.com) international an Rundfahrten teilnehme, war klar, dass wir die Teamausrüstung in Form von Radkleidung und Helmen nutzen würden. Nicht nur waren diese zum Großteil schon vorhanden, auch hat die Funktionskleidung neben guten schweißabgebenden Eigenschaften bei heißem Wetter auch recht wenig Windwiderstand. Und dazu würde alles optisch zusammenpassen. Für Viola gab es drei neue Fahrradhosen, zwei Kurzarmtrikots, ein Langarmtrikot, eine Windweste sowie einen neuen Fahrradhelm. Damit waren wir in perfektem Partnerlook unterwegs. Die Reifen erhielten wir über einen Freund, der bei Continental arbeitete, und mit neuen Prototypen für E-Bikes hatten wir einen idealen Reifen für unser Unterfangen, wie sich im Laufe der Zeit zeigen sollte. Als letztes Problem blieb ein guter Sattel. Da mein Team von Ergon unterstützt wird, fragten wir dort an und wenige Tage später hatten wir zwei neue Tourensättel in der unseren Sitzknochen entsprechenden Größe, die uns gute Dienste leisten sollten.

Ein Tandem ist zwar super für zwei Reisende, der Windwiderstand ist relativ gering, ebenso gering ist allerdings auch der verfügbare Packplatz. Mehr Platz als an einem normalen Rad stand uns also nicht zur Verfügung, das Gepäck von zwei Personen musste dennoch Platz finden. Dies stellt natürlich nochmals mehr Ansprüche an die Haltbarkeit des Tandemrahmens und der Gepäckträger. Um möglichem Materialversagen wie Rahmenbrüchen, die bei einem Aluminiumrahmen nur schwer zu reparieren sein würden, vorzubeugen, versuchten wir, so wenig Gewicht wie möglich mitzunehmen. Dies ist allerdings in der Realität nicht leicht umsetzbar, wenn alle materiellen Dinge für eine etwa einjährige Reise verstaut werden müssen. Auch nicht verzichten konnten wir auf ein Zelt. Denn neben all den Anforderungen und Widrigkeiten, die es zu überwinden galt, musste wenigstens gesichert sein, dass jederzeit ein Schlafplatz zur Verfügung stünde.

Die Zeit der Vorbereitung machte Spaß und war spannend. Doch mit dem immer näher rückenden Abfahrtsdatum stieg auch unsere Nervosität. Hatten wir an alles gedacht? Würde die Reise gutgehen? Würden wir die kommenden Monate unfallfrei überstehen? Was würde uns alles erwarten? Welchen Menschen würden wir begegnen? Und vor allem: warum mussten wir uns das antun? Konnten wir nicht einfach anfangen zu arbeiten, ein relativ normales Leben führen und vielleicht mal mit einer Radreise über einige Wochen in Europa leben?

2.1 Routenwahl

Bei der ersten Planung unserer Route holte uns schnell die Realität ein. Auf dem Weg nach China würde uns der Winter in Kasachstan und der Mongolei ziemlich zu schaffen machen. Also überlegten wir neu. Bis wohin könnten wir fahren, ohne im Winter zu frieren? Welches ist der am weitesten entfernte über den Landweg erreichbare Punkt? Die Antwort auf diese beiden Fragen war Singapur, und damit war auch unser Reiseziel geboren.

Wie aber sollte die Strecke dahin aussehen? Da wir aufgrund des Zeitpunkts des Studienendes nicht beliebig früh im Jahr würden aufbrechen können, war uns eine Route über nördlichere Breitengrade aufgrund des nahenden Winters nicht möglich. Also würde uns der Weg von Norddeutschland aus über die Balkanländer in die Türkei führen, wo auch im Herbst noch mit angenehmen Temperaturen zu rechnen ist. Nach der Türkei war aufgrund des Syrienkrieges nur ein Durchqueren des Irans denkbar, um dann weiter über Pakistan und Indien südlich des Himalayas nach Südostasien zu reisen und so ein Jahr lang ohne Minustemperaturen unterwegs zu sein. Die Ausrüstung für uns beide für Winterwetter konnten wir allein platztechnisch gar nicht realisieren. Bei dem Gedanken an eine Durchquerung Pakistans mit dem Rad bekamen wir nach einiger Recherche jedoch Bauchschmerzen. Der einzig offene Grenzübergang vom Iran nach Pakistan liegt nahe an der afghanischen Grenze in Belutschistan. Und Belutschistan ist eine der unsichersten Regionen Pakistans. Radfahrer, die dort die Grenze überqueren, werden auf einen Polizeitransporter aufgeladen und unter Polizeischutz in die etwa 800 Kilometer entfernte Stadt Quetta in Pakistans gefahren. In der Vergangenheit kam es zu Anschlägen auf diesen Polizeikonvoi und mehrere Polizisten ließen ihr Leben für den Schutz der Reisenden. Wir wollten jedoch weder unser Leben noch das von Polizisten aufgrund unserer Reiseentscheidung in Gefahr bringen.

Damit stand der Entschluss fest, dass unser ursprüngliches Vorhaben, ausschließlich mit dem Tandem bis nach Singapur zu fahren, nicht zu realisieren war. Die Alternative, die wir fanden, war eine Fährfahrt von Bandar Abbas im Süden Irans nach Dubai um von dort durch die Wüste bis in den

Unsere geplante Route von Europa über die Arabische Halbinsel und Indien nach Singapur: ca. 15.000-18.000 km in zehn bis zwölf Monaten.

Oman zu fahren, um von Maskat aus ein Schiff oder ein Flugzeug nach Mumbai in Indien zu nehmen und so die Reise unter Umgehung von Pakistan fortzusetzen. Insgesamt würde uns diese Route über etwa 15.000 bis 18.000 Kilometer bis an das südöstliche Ende des asiatischen Kontinents bringen, so war der Plan. Was sich allerdings unterwegs alles ereignen und uns zu Planänderungen zwingen sollte, konnten wir zu diesem Zeitpunkt nicht erahnen und das war vielleicht auch besser so.

Welche Konsequenzen diese Idee für uns und unser Leben haben würde, war uns in der anfänglichen Planungseuphorie noch nicht ganz klar.

2.2 Material und Ausrüstung

Mit unserem Tandem war das wichtigste Ausrüstungsstück besorgt und nun ging es daran, dieses weltreisetauglich zu machen. Dafür unternahmen wir eine Probetour schon ein Jahr vor unserer Radreise, während der wir in sieben Tagen 1.000 Kilometer durch Norddeutschland zurücklegten und erste Erfahrungen sammelten, worauf es bei der Reise ankommen würde. Unklar blieb aber, wie wir uns schlagen würden in den vielfältigen

Belastungssituationen, die uns bevorstanden, und wie würde Viola mit dem Gefühl, „obdachlos" zu sein, umgehen, das sie bei unserer Probetour empfand, als wir kurz vor Sonnenuntergang noch keinen passenden Zeltplatz gefunden hatten? Dies war eine Situation, in der wir uns während der Reise sicherlich des Öfteren wiederfinden würden.

Auf Probleme wie dieses konnten wir uns allerdings nur schwer vorbereiten, auf Materialprobleme hingegen schon, und daher informierten wir uns gründlich, um das zuverlässigste und reparaturfreundlichste Material zu finden, das verfügbar war. Für vorne und hinten besorgten wir Gepäckträger, die sowohl stabil waren als auch eine obere Auflagefläche hatten, sodass wir neben den vier seitlichen Radtaschen noch jeweils eine Gepäcktasche obendrauf laden konnten. Vorne auf den Gepäckträger sollte unser Zelt kommen, hinten auf den Gepäckträger unser weiteres Campingmaterial wie Schlafsäcke, Luftmatratzen und Campingkocher sowie Hygieneartikel von biologisch abbaubarem Waschmittel bis hin zur Bambuszahnbürste.

Damit blieben noch die vier Fahrradtaschen, welche seitlich an dem vorderen und hinteren Gepäckträger angebracht wurden. Mit 25 Liter Füllvolumen wählten wir die größten Taschen, die verfügbar waren. Eine dieser Taschen war für unsere Lebensmittel und Geschirr reserviert, eine zweite für Elektronik wie Kamera, Tablet, Ladegeräte und Ersatzakkus, und dazu diente diese Tasche noch der Unterbringung eines Großteils unseres Ersatzmaterials. Wir nahmen vier Ersatzschläuche und zwei Ersatzmäntel sowie zahlreiche Speichen und Ketten mit. Kleinere Ersatzteile und Werkzeug verstauten wir in kleinen Rahmentaschen, die wir in freie Lücken an unserem Rahmen packten. Damit blieben zwei Taschen für unsere persönlichen Sachen übrig, das waren 25 Liter für Kleidung und andere private Gegenstände für ein Jahr. Bei der Abfahrt wogen diese Taschen mit allen persönlichen Dingen etwa 6,5 Kilogramm, inklusive Tasche. Ambitioniert für ein Jahr Reise. Andererseits wog unser Tandem vollbepackt zusammen mit uns beiden etwa 200 bis 210kg, was eine enorme Materialbelastung bedeutete.

Aus unserer Erfahrung von ersten Probetouren in den Schweizer Bergen wussten wir, dass es ein riesiger Unterschied ist, ein Rennrad in einer Passabfahrt abzubremsen oder aber ein vollgepacktes Tandem mit zwei Personen und gut 200 Kilogramm Systemgewicht. Daher bauten wir die Scheibenbremsen auf das größte mögliche Maß um und ergänzten das Scheibenbremssystem um ein zweites redundantes System mit normalen Felgenbremsen, die Viola bedienen konnte. So würden wir im Falle von überhitzten Scheibenbremsen, dem Riss eines Bremszuges oder eines anderen Problems im Bremssystem nicht unkontrollierbar verunfallen, sondern Viola würde einspringen und unser Tandem abbremsen können. Außerdem würden in weniger entwickelten Regionen der Welt einfacher Ersatzmaterialien für Felgenbremsen als für Scheibenbremsen zu finden sein.

Um auch den letzten verblieben Platz an unserem Tandem zu nutzen, installierten wir insgesamt acht Flaschenhalter und zu allerletzt eine Lenkertasche, in der wir unsere Wertsachen immer griffbereit halten konnten, wenn wir einmal unser Tandem irgendwo abstellen würden. Zufrieden und überzeugt, an das meiste in Bezug auf unser Material gedacht zu haben, rückte mit Violas bestandenem Staatsexamen unser Abreisetag näher.

3 Es geht los

Je näher der Abreisetag kam, umso aufgeregter und nachdenklicher wurden wir. War es wirklich eine gute Idee, dieses Abenteuer zu starten? Würde alles gut gehen? Abwechselnd und mit nahendem Reisebeginn immer häufiger kamen uns Zweifel, ob unser Vorhaben die richtige Entscheidung war. Die bevorstehende Reise fühlte sich teilweise surreal an, als sei sie in weiter Ferne und würde nie zur Realität werden. Wenn wir dann aber realisierten, dass die Reise doch Teil unseres Lebens und real werden würde, überkamen uns kurze Panikattacken. Zu allem Überfluss hatte ich mir im Frühsommer in den Alpen noch meinen Oberschenkel gebrochen, wodurch unsere gesamte Reise in Frage gestellt wurde. Nach sechs Wochen auf Krücken saß ich aber etwa drei Wochen vor unserem Abfahrtstermin das erste Mal wieder auf dem Rad. Der behandelnde Orthopäde hatte prognostiziert, die Reise würde unmöglich sein in diesem Jahr, aber davon ließen wir uns nicht aufhalten und mit Hilfe von viel Motivation und eigenem Sachverstand kämpften wir um meine schnelle Genesung.

Unser Entschluss stand und so kam mit dem August auch unser Abreisetag. Wir waren frei wie nie zuvor, denn wir hatten fast keinerlei Verpflichtungen mehr in Deutschland und das gebrochene Bein machte nur noch wenig Probleme. Unsere Krankenversicherungen waren gekündigt, eine Auslandsreisekrankenversicherung für den Reisezeitraum war abgeschlossen, unsere eigenen Wohnungen und damit finanzielle Verpflichtungen existierten nicht mehr und somit stand unserer Reise mit freiem Geist nichts mehr im Wege. Nichts mehr? Das wäre zu schön, denn trotz schon mehrjähriger Arbeit an unseren Dissertationen hatten wir es beide nicht geschafft, diese Geißel vor Reisebeginn loszuwerden und unsere Arbeiten abzuschließen. Aber hey, somit hatten wir immerhin eine „sinnvolle" Tätigkeit für den Fall, dass uns auf der Reise einmal langweilig werden würde oder wir aus welchem Grund auch immer an einem Ort bleiben müssten.

Dann war es so weit. Das Verabschieden unserer Familien fühlte sich nicht real an, allerdings würden wir ja auch langsam in unser Abenteuer hineinwachsen und uns erst mit den Wochen immer weiter von der uns bekannten Kultur und Europa entfernen. Die ersten Kilometer von Osnabrück nach Bielefeld wurden wir noch von Freunden mit dem Rennrad begleitet doch schon bald waren wir allein Richtung Osten unterwegs und hingen gedanklich dem Abschied von Freunden und Familien hinterher. Nach kurzer Zeit richteten sich unsere Gedanken allerdings schon nach vorne. Wo würden wir heute Abend übernachten? Würde unser Material halten? Würde unsere Gesundheit den Belastungen standhalten? Irgendwie kam uns das, was wir gerade begonnen hatten, surreal und verrückt vor.

Am ersten Abend erreichten wir nach einer hügeligen Fahrt durch das Weserbergland nach gut 150 Kilometern Göttingen, wo wir an einem Baggersee zum ersten Mal unser Zelt aufschlugen. Noch war alles sehr ungewohnt. Wie herum musste die Bodenplane, wo war der Eingang, welche

Reihenfolge beim Einstecken der Zeltstangen war sinnvoll? Die Zeltplatzsuche dauerte (möglichst ruhig und gut geschützt vor neugierigen Blicken) und auch das Aufbauen des Zeltes war natürlich noch nicht so routiniert, wie es im Laufe der nächsten Monate werden sollte.

Die zweite Etappe führte uns südlich des Harzes und am Kyffhäuser entlang über fast 180 Kilometer bis nach Halle an der Saale, wo wir einen Schulfreund von mir besuchten und uns gemeinsam die Stadt anschauten. Wir hatten uns lange nicht gesehen, und ich besuchte ihn das erste Mal in seiner Studienstadt und lernte seine Freundin kennen. Auf dieser Etappe lernten wir endgültig, dass die Navigation mit Google Maps im Fahrradmodus komplett ungeeignet für ein Reisetandem ist. Wie schon am Vortag wurden wir über Schotterpisten und Waldwege geleitet und kurz vor Halle absolvierten wir unsere Jungfernfahrt auf einem sandigen Singletrail, der nur etwa 20 Zentimeter breit war, sodass unsere Gepäcktaschen durchgehend im Gebüsch seitlich des Trails schliffen. Diese Belastungsprobe bestand unser Tandem anstandslos und zerstreute anfängliche Sorgen, es könne schnell zu Belastungsbrüchen unseres Materials kommen.

Ziemlich erschöpft von den langen Etappen folgte am dritten Tag eine kürzere Etappe bis nach Leipzig, wo wir wiederum bei einer Freundin von Viola unterkamen und gemeinsam eine Kanutour über die zahlreichen Kanäle der Stadt unternahmen. Ein ganzes Netz von Kanälen durchzieht die Stadt, fast ein wenig wie Venedig. Am darauffolgenden Tag erreichten wir die Elbe und folgten ihr über 120 Kilometer bis nach Dresden. Da ich passionierter Radrennfahrer bin und auch Viola als sehr ambitionierte Breitensportlerin viel Ehrgeiz an den Tag legte, hatten wir in den ersten Tagen sehr lange Etappen absolviert. Je nach Wind und Profil zeigte sich, dass wir in etwa einen Schnitt von 20km/h schafften und damit verlängerte sich eine 150-Kilometer-Etappe von gewohnten fünf Stunden auf nun über sieben Stunden Fahrzeit. Wenn daneben noch eingekauft werden muss, eine Mittagspause eingeplant wird und auch mal Zeit sein soll, um an besonderen Stellen anzuhalten, um den Augenblick zu genießen, so wird die Zeit des Tages recht schnell knapp. Zum Glück war es zu Beginn noch lange hell, sodass wir viele Stunden des Tages nutzen konnten. Dinge, die im alltäglichen Leben einfach verfügbar sind, mussten erst organisiert werden, so zum Beispiel die Wäsche, die man nicht einfach in der Waschmaschine im Keller abladen konnte. Und auch ein Kühlschrank wie zuhause fehlte; wann immer wir etwas zu Essen haben wollten, mussten wir im Voraus planen und uns entscheiden, die Lebensmittel mitzuschleppen oder jedes Mal einen Supermarkt aufsuchen.

In Dresden angekommen, merkten wir deutlich, wie erschöpft wir waren und da am nächsten Tag Regen vorhergesagt wurde, entschlossen wir uns, einen ersten Pausentag in der „Elbflorenz" einzulegen und das besondere Flair des sommerlichen Dresdens zu genießen. Außerdem konnten wir so wieder ein wenig Kraft tanken, bevor wir auf der nächsten Etappe, dem Elberadweg folgend, Deutschland verlassen und nach Tschechien radeln würden. Direkt nach unserer Ankunft in Dresden gelangten wir zur Semperoper und zum Zwinger. Da uns niemand hinderte, fuhren wir einfach mitsamt unserem Tandem bis in den Innenhof des Zwingers, wo wir von zwei deutsch-amerikanischen Schwestern begeistert befragt wurden, was wir für eine Reise unternähmen. Als sie auch noch von unserem Spendenprojekt hörten, waren sie so angetan, dass sie uns spontan zehn Euro für unsere Spendenkasse gaben, die wir später im Laufe der Reise in Mumbai an Bedürftige weitergeben würden.

In den ersten Tagen, in denen wir durch Deutschland fuhren, erlebten und entdeckten wir so viel Neues und Ungewohntes wie wir es nie erwartet hätten. Wir waren davon ausgegangen, dass wir Deutschland eigentlich recht gut kennen würden. Mit dem Rad allerdings zeigten sich die Natur und die Städte von einer ganz anderen Seite und diese war viel schöner und abwechslungsreicher, als wir es gedacht hätten. Wir begannen schon da zu begreifen, was wir alles in und an unserer Heimat haben, jedoch meist im Alltag nicht genug wahrnehmen und wertschätzen. Je weiter wir uns im Laufe der Reise von Deutschland entfernten, umso stärker sollte diese Erkenntnis werden.

Nach dem Erkundungstag in Dresden machten wir uns auf den Weg mit dem ambitionierten Ziel, an nur einem Tag von Dresden bis nach Prag zu fahren. Etwa 200 Kilometer an Elbe und Moldau entlang führte die Strecke uns auch am ehemaligen Ghetto Theresienstadt vorbei. Voller Motivation gingen wir dieses etwas irre Unterfangen an. Zu Beginn war der Radweg gut ausgebaut und wir genossen das gute Wetter und den flachen Verlauf entlang der Elbe, bis das Profil in der Grenzregion zu Tschechien deutlich welliger wurde. Wir hatten uns vorgenommen, jede Grenzüberfahrt auf Video aufzunehmen. Dies gestaltete sich allerdings schon an der ersten Grenze als recht schwierig, denn dank der EU und dem Schengenabkommen war keine Grenze sichtbar. Wir entschieden uns also einfach dazu, das erste tschechische Hinweisschild als Grenze zu betrachten und verließen mit der Grenzüberquerung Deutschland und damit auch das schöne und landschaftlich beeindruckende Elbsandsteingebirge.

Gegen Nachmittag erreichten wir nach knapp 150 Kilometern die Gedenkstätte des Ghettos Theresienstadt. Die alte Garnisonsfestung wurde in der NS-Zeit missbraucht, um ein Judenghetto und mehrere Arbeitslager einzurichten, in denen politische Gegner und Juden unter miserabelsten Umständen arbeiten mussten und viele den Tod fanden. Nach dem Besuch waren wir körperlich erschöpft, unsere Laune näherte sich dem Nullpunkt und noch immer lagen über 50 Kilometer bis Prag vor uns. Es war Abend geworden und leider war die Radwegbeschilderung an der Moldau nicht eindeutig, sodass wir einige Zeit verloren, um den richtigen Weg zu suchen. Es wurde langsam dunkel und noch immer waren wir etwa 30 Kilometer von Prag entfernt, sodass Viola langsam panisch wurde, denn sie war tief erschöpft. Als bereits im Dunkeln dann plötzlich der Radweg auch noch in einen langen Anstieg in einem Wald mündete, war es zu viel, sie konnte einfach nicht mehr. Die Erschöpfung ließ sie einfach nur noch weinend zusammenbrechen und ich wusste auch nicht, wie ich ihr am besten in dieser Situation helfen sollte, denn entweder mussten wir weiterfahren oder aber hier im Dunkeln das Zelt aufbauen. Beides aber kam für Viola nicht in Frage, gar nichts kam für sie in dem Augenblick in Frage. Zwei Mountainbiker überholten uns in der Dunkelheit, und vermutlich alarmiert durch Violas Weinen kehrten sie nach einigen Minuten zurück, um ihre Hilfe anzubieten. Wir schilderten unsere Situation und so kam es, dass wir ihnen in der Nacht zu ihrem gut fünf Kilometer entfernten Haus folgten. Dort angekommen, bauten wir unser Zelt in ihrem Garten auf und nach einer Tasse Tee fielen wir in einen viel zu kurzen Schlaf. Wenigstens für 190 Marathon-Kilometer auf dem Tandem war er viel zu kurz.

Am nächsten Morgen mussten wir mit dem Tschechen gemeinsam das Grundstück verlassen, damit dieser sein Gartentor abschließen konnte. Um 6:30 Uhr in der Früh hatten wir unser Zelt abgebaut und saßen wieder auf dem Tandem, um die letzten Kilometer bis Prag zu überstehen. Der Vorteil unseres frühen Aufbruchs war, dass wir recht früh am Morgen in Prag ankamen und der zentrale Platz am Uhrenturm fast menschenleer war. Nur zwei Stunden später war hier kein Durchkommen mehr vor zahlloser Touristenmassen, die sich durch die Altstadt schoben.

Ein uns immer begleitendes Problem auf der Reise, besonders in den Städten, war unser Gepäck. Wenn wir an einem Ort ankamen, so konnten wir diesen eigentlich nur mit Tandem besichtigen, da wir sonst Angst hatten, dass unser Gepäck vom Rad gestohlen würde. Prag aber wollten wir uns frei ohne Rad zu Fuß ansehen und so luden wir unsere Taschen in einer Pizzeria bei einem nur wenig begeisterten Koch ab. Zufällig entdeckten wir eine "Free Walking Tour" und dieser schlossen wir uns an, um etwas über die insbesondere jüdische Geschichte Prags und Franz Kafka zu lernen. Viola war so müde, dass sie jede sich bietende Möglichkeit nutzte, um ihren Kopf abzulegen und die Augen zu schließen, sei es eine Hauswand oder ein Brückengeländer. Nach der Stadtführung setzten wir unsere Tour fort und erreichten am Abend einen kleinen Ort mitten im Nirgendwo Tschechiens, der glücklicherweise ein kleines Hostel hatte mit einem Sechsbettzimmer, welches wir als einzige Gäste alleine nutzen durften. Als ich mich mit Viola über die Stadtführung und das dort Gelernte unterhalten wollte, stellte sich heraus, dass Viola vor lauter Müdigkeit keine einzige Information behalten hatte, und wir begannen zu begreifen, dass wir unser Reisetempo und die damit einhergehende körperliche Belastung ein wenig herunterfahren mussten. Dem im Wege stand aber weiter unser Ehrgeiz und der drohende Winter im iranischen Hochland. Da am nächsten Tag aber erneut Regen gemeldet war, gönnten wir uns erleichtert den nächsten dringend nötigen Ruhetag in reizarmer Umgebung, die uns nicht zu allzu anstrengenden Aktivitäten verleitete.

Der weitere Weg führte uns durch Südböhmen in Richtung Wien. Böhmen blieb uns gut in Erinnerung, denn über mehrere Etappen fanden wir keinen einzigen flachen Meter, ständig ging es bergauf und bergab. Als kleines

Highlight entdeckten wir das Städtchen Telc, wo wir einen kurzen Stopp machten, um den wunderschönen Ort (Weltkulturerbe) und das dort stattfindende Festival zu besuchen und sein Flair aufzusaugen. Als wir kurz nach der Grenzüberquerung nach Österreich die Donau erreichten, waren wir jedoch heilfroh, wieder in flacherem Gelände unterwegs zu sein und schneller voranzukommen.

In Wien blieben wir zwei Nächte und übernachteten bei Clemens, den wir über „Trustroots", einer mit „Couchsurfing" vergleichbaren Plattform, gefunden hatten. Aus seiner sympathisch-chaotischen WG wird uns wohl für immer das Partyklo in Erinnerung bleiben. Beim Öffnen der Toilettentüre erklang Partymusik und dazu blinkten und flackerten verschiedenste bunte Lichterketten in dem kleinen Kabuff. Daneben bestaunten wir natürlich die pompöse Architektur des kaiserlichen Wiens und Viola, die schon einige Male in Wien gewesen war, gab mir eine kleine Stadtführung mit Kaiserpalast, Wiener Staatsoper und dem „Prater", dem riesigen Vergnügungspark mitten in der Stadt.

4 Über den Balkan

Bei Bratislava erreichten wir der Donau folgend auch die Slowakei, und nach einem Besichtigungsstopp der Hauptstadt (dieses Mal konnten wir unser Tandem in der Tiefgarage eines Krankenhauses samt Taschen abstellen) radelten wir noch ein Stück weiter, da die Strecke von Wien bis Bratislava verhältnismäßig kurz war und wir keine Lust hatten, uns erneut um eine Unterkunft in einer Großstadt zu kümmern. Nach einigen Stunden im Stadtzentrum und nach der Besichtigung der über der Donau thronenden Burg und der Kirchen erreichten wir einen schönen Campingplatz auf einer Donauinsel. Dort erregte unsere Ankunft sofort die Aufmerksamkeit von einem etwas älteren Paar, das uns direkt ansprach. Wie sich herausstellte, waren Rolli und Marianne auch Radreisende aus der Schweiz, die seit fünf Jahren den Großteil des Jahres mit ihren Fahrrädern durch Europa radelten und dieses Leben sehr genossen. Als „Frührentner" konnten sie so fit bleiben, hatten im Vergleich zu der Schweiz deutlich geringere

Ausgaben und genossen so ihr Wanderleben in vollen Zügen. Gerade waren sie auf der „Flucht" Richtung Süden nach Griechenland, um dem heraufziehenden Herbst zu entkommen. Sie schenkten uns einen durchlöcherten Flaschendeckel, den man als Duschbrause auf jede normale PET-Flasche aufschrauben konnte, um so jederzeit seine Radreisedusche genießen zu können. Ein wirklich praktisches Utensil. Auf diesem Campingplatz inmitten der Donau haben wir auch das erste Mal unseren Benzin-Campingkocher in Betrieb genommen und uns über das selbstgekochte Essen gefreut.

Wie auch wir waren die beiden an der Donau auf dem Donauradweg unterwegs, sodass wir uns bei unserem nächsten Zwischenstopp in Komarom auf dem Weg nach Budapest verabredeten. Wir erhielten viele Tipps von ihnen und genossen das Gefühl, mit den einen oder anderen Herausforderungen nicht alleine zu sein. Sie rieten uns als erfahrene Radreisende, nicht mehr als 60 Kilometer am Tag zu fahren und schüttelten nur ungläubig ihre Köpfe, als sie von unseren Etappenlängen hörten. Eine ihrer Weisheiten ist uns im Kopf geblieben: der Weg ist das Ziel. Und: Genuss steht über fast Allem!

4.1 Ankunft in Ungarn

Der Campingplatz in Komarom, unserem ersten Ort nach unserem Grenzübertritt nach Ungarn, lag direkt an warmen Schwefelquellen, die zu einem Wellnessbereich ausgebaut und auch für die Camper nutzbar waren. Da uns die Etappe mit dem Grenzübergang aus der Slowakei nach Ungarn mit etwa 90 Kilometern flach entlang der Donau (etwas Schotter, aber darin waren wir schon geübt) schon am späten Nachmittag ans Ziel brachte, konnten wir in den heißen blubbernden Quellen ein bisschen entspannen und runterkommen. Zudem war endlich mal eine Waschmaschine verfügbar, was sich wie echter Luxus anfühlte! Am nächsten Morgen gingen wir nochmals in den Schwefelquellen baden und fuhren dann die fehlenden knapp 100 Kilometer bis Budapest.

Wir realisierten selbst immer besser, dass unsere langen Etappen kein Dauerzustand sein konnten. Zu sehr summierte sich die Erschöpfung über die Tage und Wochen auf. Wir kamen in der Realität an, in der es schön war, unterwegs zu sein, aber eben auch erschöpfend. Fast täglich neue Städte, neue Begegnungen, unendlich viele Eindrücke und dazu die körperliche Belastung. Die Reise war bereichernd, das stand außer Frage, aber lockte uns auch aus der gewohnten Komfortzone, ganz wie wir es uns gewünscht hatten – mit dem Unterschied, dass es nun Realität und zu unserem Alltag geworden war. Zum Glück gewöhnen wir uns an die Umstände einer Radreise und je weiter wir uns von Deutschland entfernen, desto ungewohnter, aber auch spannender wurde unsere Reise.

Zum Glück war die Jahreszeit, zu der wir in Mitteleuropa losgefahren waren, ideal. Das Wetter war warm, es gab kaum Regen und überall fanden wir reife Mirabellenbäume entlang unseres Weges, an denen wir stoppten und unsere Obstvorräte auffüllten. Je weiter wir gen Süden kamen, desto mehr reife Apfelbäume gesellten sich zu den Mirabellen und wir genossen diese frei verfügbaren Leckerbissen.

Mit Budapest erreichten wir die vorerst letzte europäische Großstadt, nachdem wir mit Halle, Leipzig und Dresden in Deutschland, Prag in Tschechien, Wien in Österreich, Bratislava in der Slowakei und Budapest in Ungarn einen echten Großstadtmarathon durch Europa hinter uns hatten. Die Erschöpfung durch die ersten knapp 1300 Kilometer auf dem Rad, kombiniert mit den vielen Eindrücken und Begegnungen, waren nicht spurlos an uns vorbeigegangen. Die ständigen Ortwechsel und die Umstellung von einem Alltag, in dem alles verfügbar ist zu einem ziemlich reduzierten Gepäck stellten eine Herausforderung dar. Mit klassischem Urlaub hatte diese Reise wahrlich wenig zu tun.

Als wir erschöpft über einen kleinen Pass herunter an das Donauufer fuhren und in Budapest ankamen (mit Grenzübertritt nach Ungarn existiert der Donauradweg nur noch eingeschränkt und die Beschilderungen leiten den Radreisenden meist über normale Hauptstraßen) suchten wir ein Hostel und genossen den uns nur selten verfügbaren Luxus einer Steckdose neben dem Bett, einer sauberen Dusche und des verfügbaren Internets.

Budapest war eine der Städte, die uns am besten gefiel. Nach Prag und Wien, welche touristisch sehr überlaufen und für uns anstrengend waren, gönnten wir uns einen freien Tag und konnten die sommerliche Atmosphäre aufsaugen, unter anderem auf einem internationalen Handwerkermarkt um die Hofburg herum aus der Zeit Österreich-Ungarns. Wir schlenderten gemütlich über den Markt und begutachteten die verschiedenen Handwerker, die von japanischer Kalligraphie bis hin zu traditionellen Zelten der ungarischen Reitervölker unterschiedlichste Produkte herstellten, ausstellten und verkauften. Dazu kamen immer wieder traditionelle Musikgruppen, die die Stimmung weiter unterstrichen und uns endlich einmal ein wenig ersehnte Ruhe und Entspannung boten. Und auch die prachtvolle Architektur der ungarischen Hauptstadt mit der Fischerbastei, dem Stephansdom und dem Parlamentsgebäude direkt am Ufer der mächtigen Donau beeindruckte und gefiel uns sehr.

Wir verließen Budapest nach Süden und folgten der Donau durch die pannonische Tiefebene, welche uns mit Temperaturen um 35-38°C, endlosen Geraden und permanentem Gegenwind quälte. Insbesondere für Viola begann eine harte Zeit. Sie war weniger temperaturresistent als ich und so litt sie besonders unter den heißen Temperaturen. Die Eintönigkeit der unendlichen Weite ohne jegliche Abwechslung tat ihr Übriges. Da auch die Infrastruktur in dieser recht verlassenen Gegend spärlich ausfiel, fanden wir keine weiteren Campingplätze und so kam es, ganz zu meiner Freude aber zum Ärger Violas, dass wieder Wildcampen auf der Tagesordnung stand. Nach einem langen Tag in der heißen Sonne mit körperlicher Verausgabung hieß es also, schwitzend irgendwo im hohen Gras, möglichst gut versteckt vor neugierigen Blicken, das Zelt aufzubauen. Die Herausforderung dabei war, möglichst wenig Mückenstiche zu erleiden, um nicht nach der Flaschendusche im Zelt neben den Saunatemperaturen auch noch juckende Stiche ertragen zu müssen. Es war so heiß, dass wir oftmals bis weit nach Mitternacht im Zelt nebeneinander lagen, beinahe nackt und nicht schlafen konnten, da die saunaähnlichen Temperaturen uns in ein Schweißbad hüllten. Harte Zeiten für uns brachen an.

Zu Beginn der Reise merkten wir auch, dass sich bekannte Charakterunterschiede zwischen uns immer deutlicher zeigten. Ich war geduldig und konnte fast jeder Situation etwas Positives abgewinnen und hatte auch schon einige Reisen auf materiell sehr niedrigem Niveau hinter mir. Viola war hier deutlich unerfahrener und kannte eigentlich mehr oder weniger nur das normale Leben in Deutschland mit einem gewissen Standard. Dazu kam, dass Violas Laune im Gegensatz zu meiner stark vom aktuellen Blutzuckerspiegel abhing. Wenn Nahrungsmangel herrschte, dann war auch ihre Laune schnell am Nullpunkt. Zum Glück waren diese Situationen relativ einfach zu lösen. Wir beide wollten unsere Komfortzone verlassen und uns testen, wie wir damit klarkommen würden, insbesondere auch als Paar. Das Problem war nur, dass ich oftmals weit davon entfernt war, meine Komfortzone zu verlassen, während Viola schon über ihre den Umständen geschuldete Grenze hinausgehen musste. Dazu kam, dass Viola spätestens am Vortag wissen wollte, wo sie am Folgetag übernachten würde, während ich dies als Einschränkung der Flexibilität und des Reizes der Reise, sich auf das Unbekannte einzulassen, ablehnte. Diese Tatsachen machten es nicht einfach, gemeinsam Kompromisse zu finden, wie wir reisen wollten, und bargen viel Konfliktpotential. Während ich am liebsten fast ausschließlich wild zelten und mich von dem, was die Natur uns bot, ernähren wollte, bevorzugte Viola eigentlich Hotelübernachtungen und legte gerne Pausen in Cafés ein, um einen leckeren Cappuccino zu genießen.

Diese unterschiedlichen Erwartungen, mit denen wir in diese Reise gestartet waren, mussten wir erst einmal korrigieren und einen gemeinsamen Nenner finden. Wir lernten in dieser Zeit, wie wir uns arrangieren konnten und ich verstand es mit der Zeit, Viola ihren kleinen Luxus zu lassen, damit sie wieder Kraft tanken konnte für die weiteren Herausforderungen. Wir passten uns besser aneinander an, fanden einen immer besseren Mittelweg und lernten mit der Zeit, unsere Tagesetappen bei etwa 100 Kilometern zu halten, sodass uns neben der sportlichen Herausforderung auch Zeit blieb, um die Augenblicke und Sehenswürdigkeiten genießen zu können.

4.2 Raus aus der EU, rein nach Serbien

Bei Subotica verließen wir die EU nach Serbien und damit überquerten wir unsere erste sichtbare Grenze der Reise und nutzten das erste Mal unsere Reisepässe. Da wir uns nicht sicher waren, ob wir während der Reise, z.B. für das Indienvisum, Reisepässe zurück nach Deutschland würden schicken müssen, hatten wir uns einen Zweitpass besorgt, um so im Fall des Falles nicht ohne Ausweisdokument in einem Land festzustecken.

Nach einem weiteren Tag mit endlosen eintönigen Straßen endeten wenigstens vorerst die brütend heißen Geraden und es wurde landschaftlich abwechslungsreicher. Wir hatten in Ungarn im Verlaufe der Donau nach Süden diese verlassen, um uns den Umweg nach Kroatien zu ersparen. Außerdem war der Donauradweg in Ungarn oftmals schlecht ausgeschildert und bestand selten aus geteerten oder gepflasterten Abschnitten, sodass auf ihm nur ein langsames Vorankommen möglich war. In Novi Saad, der zweitgrößten Stadt Serbiens, stießen wir wieder auf die Donau und folgten ihr in nun schöner hügeliger Landschaft in Richtung Belgrad.

Für die zweite Übernachtung in Serbien hatte ich einen Campingplatz nicht weit des Donauufers gefunden. Bis kurz vor Erreichen unseres Zieles sah alles gut aus. Doch etwa fünf Kilometer vor Erreichen des Tagesziels entpuppte sich unsere abbiegende Straße als Schotterpiste und gleichzeitig sank Violas Blutzuckerspiegel, eine hochexplosive Mischung. Innerhalb von Minuten kippte Violas Stimmung und ich war für alles verantwortlich. Für die Hitze, für die schlechte Straße und dafür, dass wir noch nicht angekommen waren. So weit so gut. Leider aber zeigte sich, dass eine auf unserer Karte eingezeichnete Straße nur einem steilen schmalen Wanderweg entsprach. Irgendwie schafften wir es dennoch, diesen einige hundert Meter hinaufzufahren, verfolgt von zwei kläffenden Hunden, um dann feststellen zu müssen, dass die in unserer Karte verzeichnete Verbindungsstraße zum Campingplatz nicht existierte. Dies war endgültig zu viel für Viola und sie brach in einen wütenden und verzweifelten Weinkrampf aus. Ich schob das Tandem wieder den steilen Schotterpfad hinunter und hielt das Tandem zwischen Viola und den aggressiven Hunden. Wieder unten auf der Schotterstraße angekommen, konnten wir nach einigen Minuten

Endlich angekommen, schliefen wir gemütlich unter den Obstbäumen.

unsere Fahrt fortsetzen und ich betete inständig, dass die zweite Streckenalternative uns möglichst schnell zum Campingplatz bringen würde. Meine Erleichterung war riesengroß, als nach einigen hundert Metern die Alternativroute auftauchte und diese sogar neu geteert war! Nochmals waren knapp 200 steile Höhenmeter zu überwinden, aber dann war es geschafft, wir erreichten den kleinen gemütlichen Campingplatz im Garten eines älteren Ehepaares. Den angebotenen selbstdestillierten Obstschnaps nahm Viola dankend an, während ich mich daran machte, unser Zelt zwischen den vielen reifen Apfel- und Pflaumenbäumen aufzubauen.

Am nächsten Tag erreichten wir nach einer kurzen Pause, in der wir in der Donau schwammen, Belgrad. Ich kannte Belgrad nur aus meiner Kindheit aus dem Radio, als berichtet wurde, wie die NATO in den 90ern Belgrad unter ihrem Präsidenten Milosevic bombardierte. Entgegen dieser dunklen Erinnerungen zeigte sich Belgrad aber sehr freundlich und modern und wir genossen die entspannte Atmosphäre mit vielen jungen Leuten und der großen Festungsanlage an den Ufern der Donau. Die mit Abstand beste Bäckerei unserer Reise fanden wir ebenfalls in Belgrad und genossen den Luxus von verschiedenen leckeren Vollkorn- und Kuchengebäcken.

Gerade als wir von der Bäckerei abfahren und Belgrad verlassen wollten, sprach uns ein Mann an, und wollte wissen, woher wir kämen und wohin wir wollten. Es zeigte sich, dass er einer der Projektleiter des Donauradwegs in Serbien gewesen war und gab uns Tipps über den weiteren Verlauf des Donauradweges und einige Sehenswürdigkeiten.

Auf dem Weg heraus aus der Stadt kamen wir durch ärmliche Romasiedlungen, die einer Mülldeponie glichen, und beim Vorbeifahren schmissen Kinder mit Stöcken nach uns. Kurz darauf entdeckte Viola etwas Winziges am Straßenrand und verlangte mit aufgeregter Stimme, umzudrehen. Verwirrt, was Violas Aufregung an dieser einsamen Straße verursacht hatte, folgte ich ihrer Anweisung und entdeckte ebenfalls den winzigen Welpen, der sich taumelnd auf dem Bürgersteig voran bewegte. Er schien erst wenige Stunden oder Tage alt zu sein, denn seine Bewegungen waren weit davon entfernt, koordiniert zu wirken. Wir hielten an und Viola war verzaubert von diesem kleinen, hilfsbedürftigen Wesen. Auf der Suche nach seiner Mutter klingelten wir am nächstgelegenen Haus und nach einiger Zeit öffnete ein nettes Ehepaar ihre Tür. Sie hatten selbst einen Hund und vermuteten, dass der kleine Welpe von einem Nachbarn stammte, der Hunde züchtete. Wir übergaben den kleinen Welpen an den Mann, der ihn dann zurück zu seiner Mutter bei dem Nachbarn brachte.

Nach Belgrad begann unser Lieblingsabschnitt der bisherigen Reise. Neben wunderbaren Naturlandschaften mit Auen, einer Halbwüste (die einzige offizielle Wüste Europas) und den Karpaten, die wir durchquerten, bot die Donauebene viele historische Stätten, z.B. die imposante Festung Golubac. Während der abwechslungsreichen Geschichte Serbiens mit der Eroberung durch die Osmanen war diese imposante Burg direkt am Ufer der Donau, am Eintritt in die Karpaten gelegen, nie durch kriegerische Handlungen gefallen. Viola hatte große Angst vor Schlangen und hielt immer wieder Ausschau nach ihnen. Als wir in der Festung waren und durch eine Schießscharte hinunter auf die Donau blickten, entdeckte Viola eine „Wasserschlange", die ich als Stock abtat. Nach einiger Zeit jedoch tauchte der aus dem Wasser ragende Stock ab und schwamm schlängelnd davon. Viola hatte Recht gehabt und die erste, aber nicht letzte Schlange auf unserer Reise entdeckt. Insgesamt wussten wir vor unserer Reise wenig über

Die gewaltige Festung Golubac am Eingang zum „Eisernen Tor".

die wechselhafte Geschichte der Balkanländer, nach dem Verlassen Serbiens hatten wir wenigstens eine Idee der spannenden osmanischen und jugoslawischen Geschichte.

Das Highlight der bisherigen Tour war dann das „Eiserne Tor", der Durchbruch der Donau durch die Karpaten mit imposanten Felsformationen. Zu sehen, wie sich dieser mächtige Fluss durch den Gebirgszug schlängelt, ist faszinierend und die Kräfte, die dort wirkten, sind unvorstellbar. Diese besonderen Umstände machten diese Region zu einem ereignisreichen Ort in der Geschichte der Menschheit. In Lepinski Vir wurde eine frühsteinzeitliche Siedlung entdeckt, in der die Bewohner erste Steinfiguren und Fischgötter erschufen, die heute in einem Museum gegenüber eines beeindruckenden Felsenshanges an der Donau zu sehen sind. Neben den mittelalterlichen Burgen war sich auch schon der römische Kaiser Trajan der Bedeutung dieser Region bewusst und ließ eine Heerstraße entlang der Donau durch das Eiserne Tor erbauen. Daran erinnert die „Tabula traiana", eine Gedenktafel zu Ehren Kaiser Trajans direkt am Ufer der Donau. Ebenso beeindruckte uns ein riesiges, etwa 40 Meter hohes, in den Fels entlang des Flusses gehauenes Portrait des letzten Königs der Daker, Decebalus.

In einer der zahlreichen Abfahrten schrie Viola plötzlich „Haaalt!!". Ich bremste verunsichert und mich fragend, was der Grund für diese vehemente Forderung war. Nachdem wir wieder einige Meter bergauf geradelt waren, erkannte auch ich den Grund für Violas Aufregung: eine Schildkröte schleppte sich über die Straße. Begeistert, unsere erste freilebende Schildkröte gesehen zu haben, trugen wir sie von der Straße, um sie vor dem Verkehr zu retten.

Der Grund für Violas Aufregung.

In dieser Zeit wurde das Reiseleben zu unserem Alltag. Vieles spielte sich immer besser ein und die für eine solche Reise notwendige Gelassenheit erreichte uns, auch wenn es immer wieder Situationen gab, in welchen sich die Erschöpfung und das Nomadenleben addierten und uns an unsere Belastungsgrenzen brachten. Ein erster absoluter Härtetest sollte uns kurz nach dem Verlassen Serbiens bevorstehen.

Ankunft am „Eisernen Tor", dem gewaltigen Karpatendurchbruch der Donau.

4.3 Endspurt auf dem Balkan

Die ersten 2.000 Kilometer waren geschafft! Kein Unfall, keine schlimmeren körperlichen Probleme, dafür waren wir schon einmal dankbar. Drei Wochen lagen hinter uns, die Zeit kam uns aber schon deutlich länger vor, so vieles hatten wir seit unserer Abreise erlebt. Mit Rumänien erreichten wir nach der Überquerung der Donau wieder die EU und überschritten die erste Zeitzone unserer Reise. Es war ein eigenartiges Gefühl, über den Fluss zu schauen und zu wissen, dass auf der anderen Seite eine andere Zeit galt.

Unser erster Abend in Rumänien sollte auf einem Campingplatz enden, welcher auf einer Touristenkarte verzeichnet war, aber eben auch nur dort, und das hatte seinen Grund: es gab ihn nicht (mehr). Auf der Suche nach Alternativen landeten wir bei einer rumänischen Familie, die uns einlud, auf ihrem Grundstück zu zelten, mit leckerem, frisch gezapftem Bier versorgte, mit ihrem Boot auf die Donau zum Schwimmen brachte, zum Grillen einlud und uns einen super Abend schenkte. Alle paar Minuten wurde uns ein anderes alkoholisches Getränk angeboten. Besonders der Alkoholkonsum von mir nahm, wenn auch nicht bedenkliche, so doch wenigstens unbekannte Ausmaße an, nachdem bereits in Belgrad und auch bei Boban, einem netten Campingplatzbesitzer vor dem eisernen Tor, der serbische Pflaumenschnaps Rakia konsumiert werden musste. Besonders nett war die Unterhaltung mit dem Sohn Elvis, der in unserem Alter war und als einziger der Familie Englisch sprach.

Die Nacht gestaltete sich dann wenig erholsam und relativ spannend mit Gewitter und einem vermeintlichen Diebstahl. Mitten in der Nacht wachten wir auf und hörten erst einen Hund ganz in der Nähe unseres Zeltes bellen. Kurz darauf leuchteten die Scheinwerfer eines über den Feldweg auf das Grundstück zufahrenden Autos auf unser Zelt und wir hörten einige Männer aussteigen und reden. Wir waren alarmiert und hatten Angst, Diebe seien gekommen, um die Musikanlage zu stehlen. Also bewaffnete ich mich mit Kamera und Pfefferspray und schlich vorsichtig aus dem Zelt. Hinter einem alten Heuwagen spähte ich durch die Lücken und sah zwei Männer, die irgendetwas aus ihrem Auto holten und dann mit einem Boot auf die Donau hinausfuhren. Mit einigen Fotos und der Gewissheit, dass sie erst einmal weggefahren waren, kehrte ich zu Viola ins Zelt zurück, die dort aufgeregt gewartet hatte. Wie wir am Folgemorgen erfuhren, waren die vermeintlichen Diebe nur Freunde, die nachts kamen, um auf der Donau bis zum Morgengrauen zu fischen.

Elvis überraschte uns am nächsten Morgen dann nochmals mit Kaffee, den er extra für uns gekauft und zu uns an die Donau gefahren hatte, bevor es für uns in den nächsten zwei Tagen auf eine über 200 Kilometer lange Strecke mit Gegenwind und gähnender Leere bei brütend heißen Temperaturen um die 37°C durch die Walachei ging. Weshalb im deutschen Sprachgebrauch die Walachei als Sinnbild für Abgeschiedenheit und Rückständigkeit steht, erfuhren wir nun am eigenen Leib. Weder ein Campingplatz noch ein Hostel oder Hotel gab es in dieser Region. Vor der Reise hätten wir nicht gedacht, dass es so eine verlassene Gegend in Europa noch gäbe. Wir waren also ein weiteres Mal gezwungen, einfach irgendwo unser Zelt aufzuschlagen. Aber auch das stellte sich als nicht so einfach heraus. Über lange Zeit fanden wir niemanden der Englisch, Deutsch oder Französisch sprechen konnte und irgendwie verstanden die Rumänen unsere Gestik nicht als wir versuchten zu erklären, dass wir einen Platz für unser Zelt suchten. Nett sind die Rumänen allerdings allemal oder wenigstens hatten sie Mitleid mit uns, denn auf diesen kraftraubenden Kilometern wurden uns zwei Flaschen Wasser, zwei Dosen Cola, ein Bier und eine Wassermelone geschenkt. Gesten, über welche wir uns in dieser kraftraubenden Situation sehr freuten.

Irgendwie landeten wir am Abend kurz vor Sonnenuntergang in einem Dorf im „Garten" eines kleinen Krankenhauses, wo wir unser Zelt auf einem schmalen, recht zugemüllten Streifen zwischen Grundstücksmauer und Krankenhausmauer aufschlugen. Die Kinder des Dorfes fanden es natürlich sehr spannend, dass zwei Fremde in ihrem Dorf zelteten und unterhielten uns lange mit Überraschungsattacken auf unser Zelt. Immer wieder schlichen sie sich an unser Zelt heran und schlugen dann mit ihren Händen und Ästen auf unser Zelt ein, um dann schreiend davonzurennen. Nach einiger Zeit waren diese plötzlichen Schläge direkt neben unseren Köpfen ein weiteres Puzzlestück an diesem zermürbenden Tag zu unserer absoluten Erschöpfung. Schwitzend im Zelt bis lange nach Mitternacht und nach einfacher Flaschendusche überstanden wir auch diesen Abschnitt unseres Weges. Viola allerdings war schon deutlich über ihr ertragbares Limit hinaus, was sich in den nächsten Tagen zeigen und in die vorerst größte Krise unserer Reise münden sollte.

Am nächsten Morgen standen wir, wie immer im Zelt durch den frühen Sonnenaufgang geweckt, übermüdet und kaputt auf, packten unsere Ausrüstung zusammen und machten uns nach dem Frühstück wieder auf den Weg. Unser Ziel war es, die Donau zu überqueren und auf der bulgarischen Seite eine Unterkunft zu finden, wo wir wieder etwas Kraft tanken und zu uns kommen könnten. Nach etwa 80 Kilometern erreichten wir mit dem kleinen Hafen auch den Grenzübergang. Dort trafen wir eine große Reisegruppe Deutscher, die im Rahmen der „Balkan-Express-Rallye" mit mindestens 20 Jahre alten Autos quer über den Balkan reisten und dabei verschiedenste Aufgaben erfüllen mussten. Zwar hatten wir den Eindruck, dass sie ihre Reise trotz reichlich Abgasen und auch dank alkoholischer Unterstützung sehr genossen, dennoch war uns das Fahrrad trotz der Hitze auch ohne Klimaanlage das bevorzugte Fortbewegungsmittel, insbesondere als wir erfuhren, dass sie bis zu zehn Stunden am Tag im Auto saßen.

Nach der kurzen Fährfahrt über die Donau und damit der Ankunft in Bulgarien war Viola so tief erschöpft von der aufsummierten körperlichen Belastung und besonders der brennenden Hitze, dass wir uns entschieden, direkt im nächsten Ort Orjachovo eine Unterkunft zu suchen. Hier wollten wir zwei volle Tage, also drei Nächte, bleiben, bevor es für uns hoffentlich wieder erholt und gut gelaunt auf die nächsten Etappen gehen würde. Die körperliche Erschöpfung bei Viola saß so tief, dass sie kaum mehr in der Lage war, rational zu denken. Sie hatte einen Punkt erreicht, an dem sie abends vor Erschöpfung nicht mehr einschlafen konnte, was die Situation noch schwieriger machte. Glücklicherweise hatten wir eine ordentliche Unterkunft gefunden. Die tiefgreifende Erschöpfung beeinflusste auch ihren psychischen Zustand und verzweifelt suchte sie nach gewohnten Tätigkeiten, die ihr wieder Kraft geben würden. Auf der Suche nach Ruhe und Erholung ging es so weit, dass sie mich nicht sehen wollte, was für mich mit deutlich mehr Belastungskapazität nicht einfach nachzuvollziehen und zu akzeptieren war. Dennoch kannte ich Viola gut genug, um zu wissen, wie ich damit umgehen sollte, und so zog ich für zwei Nächte in die andere in dem Ort existierende, ziemlich heruntergekommene Unterkunft um. Während ich durch das Dorf und entlang der Donau zog, schwimmen ging und es genoss, sich den Tag über von Mirabellen, Pfirsichen und Wallnüssen sowie Weintrauben, welche überall wuchsen, zu ernähren, zweifelte Viola an der gesamten Reise. So belastend hatte sie sich die Reise vorher nie vorgestellt. Konnte es weitergehen? Andererseits ist Viola sehr ehrgeizig, und vor Istanbul aufzugeben kam für sie eigentlich nicht in Frage. Nach zwei Tagen Ruhe hatte sie sich wenigstens aus dieser tiefsten Erschöpfung erholt und wir brachen, zwar noch immer müde, aber wieder „lebensfähig", auf, um unseren Weg in Richtung der türkischen Grenze fortzusetzen.

Durch den Zusammenbruch hatten wir weiter gelernt, dass es uns gemeinsam besser geht, wenn es der und dem Einzelnen gut geht, und haben auch gelernt zu akzeptieren, dass sich unsere Bedürfnisse besonders unter diesen außergewöhnlichen Umständen unterscheiden. Kompromisse sind wichtig und fester Bestandteil der Reise und eine wichtige Zutat, damit diese gelingt. Aber wir lernten auch, von jenen Stunden zu profitieren, in denen wir uns alleine voll entfalten konnten und gaben uns den Freiraum, den wir brauchten, um sowohl gemeinsam als auch individuell das Beste aus der Reise herauszuholen.

Auf der nächsten Etappe von Orjachovo nach Lovetsch machten wir Pause in der Großstadt Plewen, in der wir einen jungen Hobbyradfahrer, Dennis, trafen, der mit Julian begeistert eine kleine Proberunde auf dem Tandem fuhr. Solche Augenblicke gaben uns wieder Energie, vor allem wenn wir sahen, wie wir mit unserer Reiseart andere Menschen begeisterten. In Lovetsch angekommen, kamen wir mit einem älteren Bulgaren in Kontakt, der sich sichtlich an der Unterhaltung in Deutsch erfreute und uns bei der Suche nach einer Unterkunft half. Verglichen mit den Bulgaren, die wir bisher trafen und auch im Vergleich zu den Rumänen und Serben, die wir getroffen hatten, war er ein echtes Sprachgenie, denn er beherrschte neben Bulgarisch noch Deutsch, Englisch und Französisch. Die Unterhaltung mit ihm genossen wir umso mehr, da wir während der letzten Wochen schon froh waren, wenn eine Kommunikation mit Pantomime funktionierte, so wenig schienen Deutsch, Englisch und Französisch auf dem Balkan verbreitet.

Am nächsten Tag, es war der 31.08.2019, ging es los auf unsere bis dato Königsetappe. Etwa 2000 Höhenmeter galt es auf dem Weg von Lovetsch nach Kasanlak zu sammeln, um das Balkangebirge über den Pass „Schipka" zu überqueren. Zum Glück hatten wir den Wecker früh gestellt, um möglichst viele Stunden der Etappe bei kühleren Temperaturen zu fahren. Der Schatten durch den Wald im Anstieg machte die Etappe zudem recht erträglich. Nach knapp zweistündiger Berganfahrt bis zum Erreichen der Passhöhe auf 1300 Metern Höhe merkten wir, dass diese entgegen unserer Erwartung kein karger, verlassener Gipfel war, sondern gerade an dem Tag, an dem wir den Pass überqueren wollten, dort ein Autorennen ausgetragen wurde und die Hauptstraße hierfür gesperrt war. So waren wir gezwungen, die alte Pass„straße" zu nehmen, die sich als absolut zerstörte Schlaglochpiste offenbarte. Selbst die Autos fuhren teilweise dreispurig im Slalom und in Schrittgeschwindigkeit, um die teilweise sehr tiefen Löcher zu umgehen. Ich gab mir viel Mühe und erfüllte meinen Job am Lenker wie gewohnt zuverlässig. Mit etwas Umweg, ein paar zusätzlichen Höhenme-

Erinnerungen an vergangene Zeiten an der Passhöhe des Balkangebirges: der architektonische Brutalismus.

tern und ein wenig Frust über die holprige Abfahrt nach den hart erkämpften Höhenmetern erreichten wir am späten Nachmittag unser Ziel Kasanlak. Dort übernachteten wir in der bislang gehobensten Unterkunft der Reise. Zwar war dieser „Luxus" nicht geplant, dennoch aber gut getimed, denn mit der Königsetappe hatten wir unsere ersten 2.500 Kilometer vollendet und die ersten vier Wochen unserer Reise hinter uns gebracht, sodass wir die tolle Unterkunft mit Dachterrasse, lokalem Wein und Rosenschnaps als kleines Jubiläumsgeschenk an uns selbst sehr genossen.

Trotz der weiter deutlich spürbaren Erschöpfung schwangen wir uns am nächsten Morgen wieder auf das Tandem, denn der herannahende Herbst und der drohende Winter im Iran trieben uns an. Nach etwa 110 Kilometern erreichten wir die Orte Charmanli bzw. Biser, wo Viola, erschöpft von den drei langen und anspruchsvollen Etappen, erneut reif für eine feste Unterkunft war, während ich das Zelt bevorzugte, sodass wir erneut getrennt voneinander übernachteten. Am folgenden Tag gönnten wir uns nach den drei langen Etappen einen Pausentag auf dem Campingplatz und im Freibad, um zu Beginn der fünften Reisewoche etwas erholter am nächsten Tag Bulgarien hinter uns zu lassen, Griechenland am nördlichsten Zipfel zu durchqueren und in die Türkei einzureisen.

Vorher aber drängte sich eine Entscheidung auf. Seit Beginn der Reise beobachteten wir die politischen Entwicklungen im Iran. US-Präsident Trump hatte vor über einem Jahr einseitig das Atomabkommen aufgekündigt und seitdem deuteten die Entwicklungen auf eine zunehmende Eskalation hin. In diesen Tagen erfolgten Anschläge auf eine Raffinerie in Saudi-Arabien sowie mehrere Öltanker in der Straße von Hormuz und die Lage drohte zu eskalieren. Hinzu kamen Bekannte von Violas Familie, die als Exiliraner in Deutschland lebten und uns dringend davon abrieten, dass Viola als Frau in den Iran reisen würde. Und zu guter Letzt war eine Fatwa erlassen worden, die es Frauen im Iran offiziell verbietet, Fahrrad zu fahren. Mit diesem neuen Wissen und unter den sich ändernden und nicht kalkulierbaren politischen Umständen war Viola nicht mehr bereit, in den Iran einzureisen. Ich sah dies weniger kritisch, da es vermutlich trotz aller Widrigkeiten gutgehen würde. Aber was bedeutet vermutlich und was würden wir sagen, sollte dann doch etwas geschehen und wir hätten vorher schon so gezweifelt. Also stand für uns doch recht schnell fest, dass wir den Iran auslassen würden. Besonders für mich war diese Entscheidung schwer, denn der Iran war das Land auf der Reise, auf welches ich mich aufgrund der Kultur und Gastfreundschaft am meisten gefreut hatte. Auf der anderen Seite brachte die Entscheidung auch einige Vorteile mit sich. Wir bekämen deutlich mehr Zeit, da wir nicht mehr den Winter im iranischen Hochland zu fürchten hatten. So würde genügend Zeit bleiben, um, solange es uns gefiele, in Istanbul zu bleiben und danach, anstatt durch die karge Zentraltürkei auf direktem Weg der iranischen Grenze entgegen zu radeln, würden wir genügend Zeit haben, um die deutlich schönere Mittelmeerküste entlang zu reisen. Bis Kappadokien wollten wir dennoch fahren und dann dort vor Ort je nach Wetter und Laune entscheiden, ob wir weiter nach Nordosten bis Georgien oder aber nach Süden nach Zypern weiterradeln würden. Denn dies waren die nächsten beiden Länder zu dem nächsten Punkt unserer Reiseroute, wenn wir den Iran ausließen: den Vereinigten Arabischen Emiraten. Mit einem weinenden und einem lachenden Auge betrachteten wir unsere neue Situation und waren wirklich erleichtert, nun etwas mehr Zeit zu haben, denn unter dem immensen Pensum der ersten Wochen hatte nicht nur unser Körper gelitten.

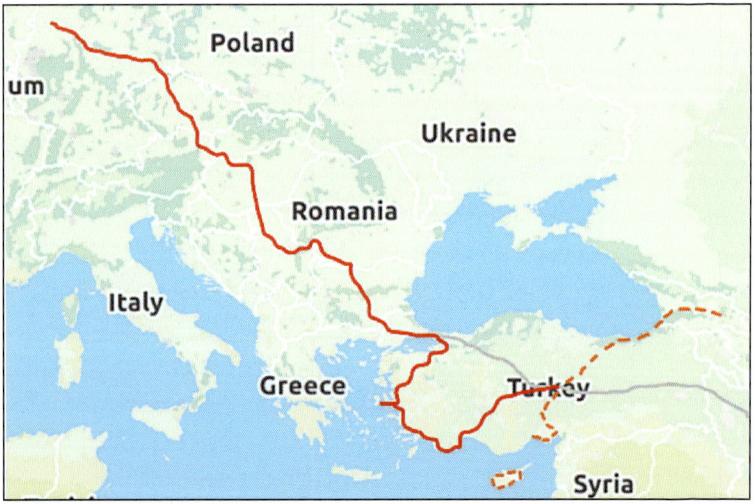

Neuer Plan in Istanbul nach gut 3.000 km und rund sechs Wochen Reisedauer: entlang des Mittelmeeres bis Kappadokien, dann wetterabhängig Georgien oder Zypern.

5 Ankunft in Istanbul, auf Wiedersehen Europa

Nach einem kleinen Abstecher durch das nördlichste Griechenland erreichten wir bei Edirne die Türkei. Mit dem Grenzübertritt und dem endgültigen Verlassen der EU spürten wir sofort, dass nun ein ganz neuer Abschnitt unserer Reise begann. Genau 5 Wochen, nachdem wir zu unserem Abenteuer aufgebrochen waren, betraten wir eine uns extrem lebendig und farbenfroh vorkommende Welt. Insbesondere im Kontrast zu den recht dünn besiedelten Gebieten des östlichen Balkans, die uns teils heruntergekommen und verwaist vorgekommen waren, war die Atmosphäre hier eine ersehnte Abwechslung. Schon am Grenzübergang wurden wir mit „Türkiye'ye, hos geldiniz" von vielen Leuten begrüßt und wir waren fasziniert von dem Treiben und all den bunten Waren, welche in den Gassen von Edirne angeboten wurden. Die Menschen waren sehr interessiert, woher wir kamen und das Angebot an Früchten und Gemüse erfüllte alle unsere Hoffnungen. Wir genossen die kulinarischen Neuheiten bei recht günstigen Preisen in vollen Zügen, auch wenn seit Serbien schon der Einfluss des osmanischen Reiches in der Küche der Länder spürbar war. Da wir beide Vegetarier sind und ich weitestgehend vegan lebe, waren wir begeistert von einem veganen Bulgurgericht, dass sich in jeder türkischen Stadt finden lässt: Cig Köfte (sprich: tschi Köfte). Übersetzt bedeutet Cig Köfte „rohes Fleisch", da dieses Gericht traditionell mit frischem Hackfleisch zubereitet wurde. Da frisches Fleisch allerdings unter den teils mangelhaften hygienischen Bedingung und den oft warmen Temperaturen zu vielen Lebensmittelvergiftungen und Gesundheitsproblemen geführt hatte, wurde der Verkauf verboten und das Hackfleisch durch eine sehr schmackhafte, gut gewürzte Bulgurmasse ersetzt. Diese wird zusammen mit Salatblättern und wahlweise Tomaten, Gewürzgurken oder anderem Gemüse in ein „Dürüm", einer Art Wrap, eingewickelt und als gesundes Fastfood für unter einen Euro in fast jeder Straße verkauft.

Unsere erste Nacht verbachten wir am Stadtrand Edirnes in unserem Zelt auf dem Gelände einer Tankstelle. Diese galt als erste radreisefreundliche Tankstelle der Türkei und stellte für Reiseradler ihre Sanitäranlagen kostenlos zur Verfügung. Gefunden hatten wir sie über „Warmshowers", eine Onlineplattform für Radreisende, wo diese einen Schlaf- oder Zeltplatz und eben eine warme Dusche bei reise- und radbegeisterten Menschen finden können.

Über eine vielbefahrene Straße kämpften wir uns bei Sturm von vorne aus Edirne heraus Richtung Osten und damit Richtung Istanbul. Dort wartete mit Marian, einer meiner besten Schulfreunde, die erste richtige Pause auf uns. Wir freuten uns nach all den Anstrengungen der letzten 5 Wochen darauf, endlich wieder bekannte liebe Freunde zu treffen, sich zuhause zu fühlen und nicht jeden Tag einen neuen Schlafplatz finden zu müssen. Dazu winkten all die Basare, bunten Gewürze und Nussmischungen zusammen mit einer historisch unglaublich reichen Geschichte.

Dieses Ziel wollte allerdings wirklich hart erarbeitet sein, denn neben dem Sturm, gegen welchen wir mehrere Tage lang in einer welligen und recht trostlosen Umgebung ankämpften, wartete noch eine 60 Kilometer lange Fahrt über die Stadtautobahn auf teils sechsspurigen Straßen (pro Fahrtrichtung!) auf uns. Kurz vor Istanbul hatten wir in Lüleburgaz von einer Fahrradakademie gehört, die auch Radreisende kostenlos aufnimmt. So machten wir einen kleinen Abstecher und fanden die Anlage mit einer welligen, einer Achterbahn gleichenden Fahrradstrecke auf Pfeilern. Neben einigen Kindern, die dort ihren Spaß hatten, trafen wir jedoch niemanden und so fuhren wir nach ein paar lustigen Runden mit unserem vollbepackten Tandem über diesen BMX-Kurs weiter.

Ein richtiges Abenteuer war unsere Fahrt hinein nach Istanbul, die Stadt am Bosporus zwischen Orient und Okzident, die mit knapp 20 Millionen Einwohnern ein wahrer Koloss ist. Glücklicherweise ist Istanbul total überflutet mit Autos und so besteht die Stadt vor allem aus Staus, sodass wir mit unserem Tandem zwischen all den Bussen, LKWs und Taxis weniger Sorge hatten, von hinten umgefahren zu werden, und uns wohlwollend in den Großstadtstau mit einreihten. Auf den teils sechsspurigen Straßen steuerten wir unser beladenes Tandem-Schiff durch den chaotischen Großstadtverkehr und waren über unsere selbstgebaute Abstandskelle mehr als froh. Nach stressigen Stunden im Verkehr mit teils steilen Anstiegen, die wir überwinden mussten, erreichten wir am frühen Abend die inneren Stadtbereiche und die Erleichterung war riesig, als wir nach diesem weiteren nervenaufreibenden Tag endlich den Bosporus vor uns schimmern sahen.

Endlich am Bosporus angekommen, war der Anblick überwältigend und vor allem Viola konnte es kaum fassen, nun hier zu stehen, an der Grenze zweier Kontinente und an diesen Ort aus eigener Kraft aus Deutschland mit dem Fahrrad gefahren zu sein. Es erschien uns eine so andersartige Welt zu sein, dass es schwer war, zu begreifen, dass diese mit dem Tandem von unserer Heimat aus ohne Flugzeug zu erreichen ist. Mit einer Fähre setzten wir samt Tandem über nach Asien und freuten uns auf die anstehenden entspannten Tage, um das Flair dieser einzigartig-faszinierenden Stadt aufzusaugen.

Abendstimmung am Bosporus.

Istanbul überwältigte uns und wir genossen die Stadt in vollen Zügen. Die körperliche Erschöpfung der ersten 3.000km spürten wir noch viele Tage, dennoch genossen wir, teils jeder für sich, teils gemeinsam, den Blick über den Bosporus und das bunte Treiben in den Gassen. Ich wohnte bei Marian und Aslinur, Marians Frau, die gerade ihre neue Wohnung in Üsküdar, dem ältesten Stadtteil Istanbuls auf der asiatischen Seite direkt am Bosporus, bezogen. Anfangs war das Wohnen dort ohne Strom und Licht vergleichbar mit unseren gewohnten Übernachtungsplätzen, aber im Laufe der nächsten Tage wurde die Wohnung zusehend wohnlicher und bestach mit einem einmaligen Blick über den quirligen Bosporus.

Zuhause bei Marian und Aslinur in Üsküdar, Istanbul.

Währenddessen war Viola bei einem interessanten AirBnB-Host, welcher sich als gescheiterter Junkie gerade eine neue Perspektive aufbaute, für einige Zeit untergekommen. Interessante und skurrile Geschichten inklusive. Fatih, so sein Name, war chronisch pleite und begeistert, als Viola für ihren Geburtstag eine Flasche Raki mitbrachte. Insbesondere, da Erdogan im Rahmen seiner laufenden Islamisierungskampagne und der Abschaffung der Säkularisierung der Türkei die Alkoholsteuer fast ins Unermessliche angehoben hatte. Er schenkte sich noch mehrmals ein und als Viola am nächsten Morgen wieder in die Küche kam, war zu ihrem Ärger die Flasche nahezu leer. Außerdem kam es ihm recht gelegen, dass Viola das Chaos in seiner Wohnung nur schwer ignorieren konnte und so aufräumte und putzte. Genervt von diesen Umständen, flüchtete sie weiter in ein angenehmes Hostel in Kadiköy, dem angesagtesten und europäischsten Stadtteil Istanbuls, ebenfalls auf der asiatischen Seite. Die Zeit, die sie für sich zur Erholung in einer reizarmen Umgebung fand, nutzte sie, um einmal mehr an der „never ending story" zu arbeiten, ihrer Dissertation.

In Istanbul feierten wir auch Violas 26. Geburtstag mit Hotelübernachtung, (mäßig) gutem Frühstück ohne Kaffee (Worst case für Viola) und Hamam-Besuch. Vor der Reise hatte ich das Wort Hamam wohl schon einmal gehört, was sich aber wirklich dahinter verbirgt, war mit unbekannt. Das typische türkische Bad dient der Reinigung des Körpers. Zuerst wird die Haut durch ständiges Begießen mit warmem und kaltem Wasser aufgeweicht. Anschließend stehen ein oder mehrere Saunagänge in einer Dampfsauna an, bevor die aufgeweichten und bereits abgestorbenen äußersten Hautschichten mit einem rauen Handschuh abgerieben werden. Wahlweise lässt sich diese Prozedur dann noch um Seifenmassagen oder Ölmassagen, insbesondere an Geburtstagen, erweitern. Eine super Erfahrung, welche, vor allem wenn man die überteuerten Hamams von Eminönü um die Hagia Sophia herum meidet, mit etwa 10€ nicht sehr teuer ist.

Wir genossen es, gemeinsam durch die Gassen zu schlendern, die Gerüche der exotischen Gewürze auf den Basaren einzuatmen, verschiedenste Nuss- und Trockenfruchtmischungen zu probieren und mit der Fähre den Weg über den Bosporus von unserer Unterkunft in Üsküdar herüber nach Eminönü in den historischen Teil auf der europäischen Seite zu nehmen und uns dabei die Gischt des Meerwassers um die Nase wehen zu lassen. Die Aussicht auf riesige Containerschiffe neben den historischen Sehenswürdigkeiten war immer wieder atemberaubend. Neben den klassischen Sehenswürdigkeiten wie dem Galata-Tower (ein alter Turm am Beginn der Istiklal-Straße, der Freiheitstraße), dem Taksim-Platz, auf dem im Jahr 2013 die Proteste gegen Erdogan ausgebrochen waren, dem Grand und dem Spice Bazar, der Hagia Sophia und der blauen Moschee (Sultan Ahmed Cami) sahen wir uns auch einige weniger bekannte Bauwerke an. Dazu zählte das Hippodrom aus Zeiten des alten Konstantinopels, einer riesigen Pferderennbahn mit einem Stadium, das vermutlich um die

Unglaubliche Stimmung am Nachmittag mit Blick über den Bosporus auf die Süleymaniye-Moschee.

100.000 Zuschauer fasste und damit größer als die modernen Fußballstadien war. Unter den zahllosen Moscheen gefiel uns besonders die Süleymaniye Moschee, die größte heute noch genutzte Moschee Istanbuls, wenn man von der durch den türkischen Präsidenten natürlich auf dem höchsten Hügel Istanbuls errichteten riesigen neuen Moschee absieht.

Am meisten beeindruckte uns aber die Basilika-Zisterne, ein unterirdisches Wasserreservoir aus Zeiten des oströmischen Kaiserreiches, errichtet mit hunderten Säulen. Über mehrere Jahrhunderte hinweg geriet dieses riesige unterirdische Bauwerk in Vergessenheit, bevor ein europäischer Reisender in der frühen Neuzeit stutzig wurde, weshalb die Bewohner des Stadtteils in ihren Brunnen Karpfen fangen konnten. Er suchte lange und entdeckte irgendwann den in Vergessenheit geratenen Eingang zu der riesigen unterirdischen Halle. Der Besucher wird über Stege durch das Wasser zwischen den golden erleuchteten Säulen hindurchgeführt, bis am Ende der Halle zwei (umgedrehte) Medusenköpfe als Basis für zwei Säulen das Highlight bilden. Dazu erklingen sanfte Töne und vervollständigen die magische Stimmung an diesem besonderen Ort.

Eine besondere Begegnung erlebten wir mitten auf der Istiklal-Straße. Während wir durch die Menschenmassen schlenderten, entdeckten wir einen Radreisenden. Seit einigen Wochen hatten wir keine anderen Radreisenden mehr getroffen und so waren wir gespannt, wer dieser Reisende war und wohin er unterwegs war. Saleh war Iraner und hatte sich in der Nähe Teherans auf den Weg in Richtung Westen gemacht. Da er als Iraner aber Probleme hatte, Visa zu bekommen, waren seine Reisemöglichkeiten sehr eingeschränkt. Weiter als die Türkei würde er nicht kommen und wir realisierten einmal mehr, wie privilegiert wir mit unseren deutschen Reisepässen waren. Saleh war ein netter Kerl, der seine Radtaschen selbst genäht hatte und sich uns für einige Stunden anschloss.

Bekanntschaft mit Saleh auf der Istiklal-Straße.

Neben unserem geliebten Cig Köfte probierten wir uns auch gerne durch die türkischen Bäckereien, die eine große Auswahl an Keksen (türkisch „Kurabiye") hatten, und aßen natürlich auch Simit, den typischen Sesamkringel, der an jeder Straßenecke in Istanbul verkauft wird. Eines Abends waren wir am Hafenpier von Üsküdar unterwegs und beobachteten, wie einer der Simitverkäufer anfing, seine übriggebliebenen Simit in einen Müllsack zu räumen. Viola fragte spontan nach einem Simit und bekam zwei einfach so in die Hand gedrückt. Da kam mir eine Idee. Ich bot dem Mann zehn Lira (weniger als zwei Euro an) und erfreut nahm dieser das Geld und überließ uns seine etwa 100 unverkauften Gebäckstücke. Wir zogen daraufhin durch das abendliche Üsküdar und verteilten an bettelnde Menschen Simit, soviel sie wollten. Es war allerdings so viel, dass wir noch einiges an Gebäck mit in unsere Wohnung brachten und einfroren. Was es an den folgenden Tagen bei den gemeinsamen Frühstücken zusammen mit Marian und Aslinur gab, wurde etwas eintönig und ist nicht schwer zu erraten.

5.1 Ein Abenteuer im Abenteuer

Während Viola sich erholte, hatte ich mich auf ein Abenteuer im Abenteuer eingelassen, denn zufällig wurde an mein Radsportteam „Embrace the World" die Bitte gerichtet, beim Mountainbike-Marathon-Weltcup in Sakarya, nur gut 100 Kilometer von Istanbul entfernt, zu starten. Nun ja, gerade mit dem Fahrrad von Deutschland bis nach Istanbul gefahren, da konnte ich natürlich nicht widerstehen, auch wenn ich bislang keinerlei Erfahrungen mit dem Mountainbike gesammelt hatte. Dafür umso mehr bei klassischen Straßenrennen überall auf der Welt, und die sporadische Erfahrung von Cyclocrossrennen im Winter konnte da nur hilfreich sein. Wenn man also gerade zufällig schon vor Ort war und einige lange Einheiten auf dem Tandem absolviert hatte, da sollte ein Weltcup-Marathon doch ein machbarer Einstieg in den MTB-Sport sein.

Die lange Renndistanz war auf jeden Fall durch unsere langen Etappen über den Balkan gut simuliert worden. Die Spitzenbelastungen eines solchen Rennens allerdings weniger. Nur mit Schuhen, Helm und Trikot, die wir ja ohnehin dabeihatten, ging es also auf nach Sakarya. Mit dem Bus fuhr ich durch die Stadt zum Istanbul-Airport, einem der zahlreichen wahnsinnigen Megaprojekte des türkischen Präsidenten, wo ich meine Teamkollegen traf und von wo aus wir vom Veranstalter gemeinsam nach Sarkarya gefahren wurden. Nun fehlte nur noch ein rennfähiges Mountainbike. Nach einigen Stunden Suche war auch dieses gefunden, dem Start am nächsten Tag stand also nichts mehr im Wege. Nach einer theoretischen Einführung über den Ablauf eines Mountainbikerennens und seiner Besonderheiten stand ich also am nächsten Tag zusammen mit 70 weiteren Mountainbikern am Start, einige von ihnen Vollprofis, die neben dem Mountainbikesport keine andere Arbeit haben.

Die 125 Kilometer mit 4.000 Höhenmetern im Gelände bedeuteten dann allerdings deutlich mehr Leid als ich mir vorher hatte vorstellen können, und der Respekt vor diesem Sport stieg deutlich, ebenso aber auch das Interesse. Schon während der ersten von drei Runden über knapp 40 Kilometer durch die Berge fing ich an zu begreifen, dass ein langer Tag mit viel Quälerei bevorstand. Fast zwei Stunden war ich unterwegs, um die erste Runde zu vollenden. Der Teamkollege, der in der Verpflegungszone das Anreichen von Flaschen übernahm, meldete, dass ich etwa auf Platz 25 läge. Mit einer Platzierung unter den besten 20 Fahrern würde ich die Qualifikation für die Mountainbikemarathon-Weltmeisterschaft im nächsten Jahr auf eben diesem Kurs schaffen. Für das erste MTB-Rennen meines Lebens war dies ein gutes Ziel und so motivierte es, in der vorderen Hälfte des Fahrerfeldes zu liegen.

Am Ende der zweiten Runde war ich bis auf Platz 14 vorgefahren und immer mehr Fahrer gaben auf. Nach sechseinhalb Stunden Quälerei überquerte ich schließlich als 11. den Zielstrich und hatte damit die Qualifikation für die Mountainbike-Marathon-Weltmeisterschaften im Jahr 2020 auf demselben Kurs in Sakarya geschafft. (Kleiner Witz am Rande: der Weltradsportverband hat festgestellt, dass der Kurs zu lang für eine Marathon-WM ist und daher für die Weltmeisterschaften gekürzt werden muss. Gut, dass sich genügend Versuchssportler für diese Probe finden ließen.) Vermutlich war dies dennoch trotz all der Schinderei eher der Anfang als das Ende für mich im MTB-Sport.

Nach einem Tag Pause, an dem mein Körper überall schmerzte, stand noch ein Cross-Country-Weltcuprennen an. Durch die ungewohnte Ergonomie des Mountainbikelenkers und die vielen ungewohnten Schläge durch den unebenen Untergrund hatte ein Nerv an meiner linken Hand allerdings einen Druckschaden erlitten, und damit fehlte mir in der Hand die Kraft und auch die Motorik war eingeschränkt. Mir wohl bewusst, dass damit kein Rennen im Gelände gefahren werden konnte, stand ich dennoch am Start, um wenigstens die erste Runde gemütlich zu absolvieren. In der ersten Abfahrt, beim ersten Ziehen der linken Bremse, rutschte dann aber meine Hand unvorhersehbar und unkontrollierbar vom Lenker und ich stürzte auf das Fahrrad unter mir, wobei ich mir eine schwere Prellung des linken Oberschenkels zuzog, die noch über mehrere Wochen hin schmerzhaft sein sollte. Ein Abenteuer, welches nur teilweise erfolgreich zu Ende ging. Vielleicht aber auch eine Gelegenheit, über einige Risiken im Leben genauer nachzudenken…

Zurück in Istanbul und nach zwei Wochen Tandempause, vielen neuen Eindrücken und Begegnungen zog es uns weiter und wir hatten wieder genug Energie, um neugierig auf die anstehenden Herausforderungen und Erlebnisse zu schauen. Viola zeigte inzwischen sogar erste Entzugserscheinungen und konnte die Weiterfahrt kaum erwarten. Wir wollten uns auf dem Weg nach Izmir das antike Pergamon ansehen und dann nach einem Abstecher zu Freunden, die gerade zufällig in Cesme westlich von Izmir Urlaub machten, entlang der Mittelmeerküste bis Antalya fahren, von wo aus uns der Weg über Konya nach Kappadokien führen sollte, so war wenigstens der vorläufige Plan.

6 Entlang der Mittelmeerküste durch Kleinasien

Gestärkt durch unser neues Lieblingsgericht Cig Köfte und Massen an Nüssen und Trockenfrüchten, starteten wir motiviert in unseren nächsten Reiseabschnitt: die ägäische und Mittelmeerküste. Motiviert und zusammen mit Marian, der uns einen halben Tag mit seinem Reiserad begleitete, verließen wir Istanbul. Der Weg aus Istanbul raus (beginnend auf der asiatischen Seite) gestaltete sich deutlich einfacher als der Weg nach Istanbul rein, denn es gab tatsächlich einen Radweg entlang der Marmaraseeküste. Dies war aber auch der einzige Radweg, den wir je in dieser Riesenstadt zu sehen bekamen. Allerdings enden Radwege in der Türkei, wenn sie denn existieren, gerne mal sinnlos vor einem hohen Bordstein oder direkt vor einem Baumstamm. Die Bildsprache ist auf jeden Fall eindeutig. Ähnlich ergeht es Blinden, die den Blindenspuren folgen, denn diese sind ebenfalls interessant verlegt und enden mal vor einer Wand oder aber auch einer Kante des Hafenpiers.

Istanbul gilt als die Stadt der Katzen und es soll mehrere Millionen von ihnen in dieser riesigen Metropole geben. Die meisten Türken versorgen ihre Katzen mit viel Fürsorge, aber natürlich gibt es immer wieder wilde Katzen, die sich ungeplant vermehren. Und diese erfahren viel Hunger und Leid. Auf dem Weg heraus aus Istanbul, das hatten wir auf einer unserer Sightseeingtouren gesehen, warteten viele kleine magere Katzenbabies. Wir hatten etwas Katzenfutter für die ganz kleinen gekauft, und Viola fütterte sie nun voller Liebe und musste das Futter dabei gegen einige sehr dreiste Möwen verteidigen.

6.1 Über das antike Pergamon nach Izmir

Am nächsten Morgen, wir hatten in einem kleinen Dorf neben einem Sportplatz gemeinsam mit einer Katze in unserem Vorzelt übernachtet, wurden wir beim Aufbrechen von unserem Campingplatz von strömendem Regen überrascht. Über Stunden fuhren wir durch schwallartigen Dauerregen, der das Erkennen der Straße vor uns schwer machte. Sinnbildlich für die türkische Gastfreundschaft waren mehrere LKWs, die am Straßenrand hielten und uns aufforderten, unser Tandem auf ihre Ladefläche zu laden und mit ihnen weiterzufahren. Diese netten Angebote mussten wir leider ablehnen, denn wir waren bis auf die Knochen durchnässt, und würden wir einmal aufhören in die Pedale zu treten, so würden wir augenblicklich anfangen zu frieren und vielleicht krank werden. Klitschnass, zitternd und beinahe schwimmend erreichten wir am Nachmittag endlich Bursa, eine Großstadt knapp 200 Kilometer östlich von Istanbul.

Dort musste eine lokale Kantine als Umkleidekabine für zwei zugeschlammte und frierende Radreisende herhalten. In einem muslimischen Land wie der Türkei, wo das Waschen vor dem Beten zur Kultur gehört, schien sich jedoch niemand an unserer ausgiebigen Waschaktion auf der Restauranttoilette zu stören. Die Notwendigkeit dieser Säuberung war uns aber möglicherweise auch anzusehen.

Die Basare Bursas gefielen uns trotz des Dauerregens gut.

Anschließend schlenderten wir durch das regnerische Bursa und schoben unser Tandem durch die Basarstraßen. Trotz des Regen gefiel uns diese Stadt am Fuße des bekannten Berges „Uludag", einem der bekanntesten Wintersportorte der Türkei, sehr gut. Viele werden „Uludag" („dag" bedeutet Berg) vielleicht eher als Namensgeber für das in grünen Dosen verkaufte, türkische Getränk in Deutschland kennen. Nachts schliefen wir in Bursa bei „Freunden von Freunden". Die Freundin von Marian und Aslinur, bei der wir übernachteten, hatte wiederum Freundinnen zu Besuch. Und über eine dieser Freundinnen bekamen wir Kontakt zu Aysel aus Izmir, die ebenfalls radsportbegeistert war. Doch dazu später mehr.

Von Bursa aus ging es am nächsten Morgen bei kaltem, aber trockenem Wetter weiter nach Susurluk, wo uns ein netter Deutschtürke, der in Kempten im Allgäu Busfahrer war, einen Ayran (Spezialität in Susurluk) und Toast spendierte. Dies war ein besonderer Moment der türkischen Gastfreundschaft, allerdings bei weitem nicht der Einzige. Seitdem wir in der Türkei angekommen waren, erfuhren wir fast täglich kleine, nette Gesten der Gastfreundschaft, und das teils anonyme Reisen wie in einigen Balkanländern und Deutschland wich vielen Menschen, die interessiert erfragten, woher, wohin und weshalb wir reisten.

Wir waren in der ländlichen Region der Türkei angekommen, und jetzt im Spätsommer und Herbst wurden überall Tomaten und Paprika geerntet. Auf den Märkten bekamen wir massenhaft frisches Gemüse und Obst und konnten uns häufig einfach am Straßenrand selbst an Granatäpfeln und Pflaumen bedienen. Zusammen mit den sommerlichen, aber nicht mehr stechend heißen Temperaturen war dies die ideale Reisezeit für uns mit dem Tandem.

In der folgenden Nacht sanken die Temperaturen beim Wildcampen auf einem Stoppelacker hinter einem Outletcenter das erste Mal unter zehn Grad und es wurde ein wenig frisch. Glücklicherweise gab es am nächsten Morgen im Outletcenter einen Cappuccino für Viola. Damit war die „frostige" Nacht wieder etwas vergessen. Da wir ja vor allem in warmen Regionen und Jahreszeiten unterwegs waren hatten wir auch nur kleine und leichte Schlafsäcke eingepackt. Die nächsten zwei Etappen führten uns durch landschaftlich sehr schöne Gegenden, über wenig befahrene Straßen durch eine recht bergige Landschaft zu unserem nächsten Ziel.

Dieses Ziel war Pergamon, die erste antike Stadt auf unserer Reise, gelegen auf der Akropolis beim heutigen Bergama, die wir bislang nur aus Berlin vom Pergamon-Museum kannten. Dieser Stopp blieb uns mit einem wunderschönen Campingplatz, einer netten Begegnung mit einem radreisenden Paar aus den Niederlanden und einer wirklich tollen Stadtbesichtigung in Erinnerung. Der Campingplatz war einfach der kleine Garten von einem Pansionsbetreiber, und zwischen dem Zelt und unserem Tandem liefen riesige, dreiste Hühner umher, die so groß waren, dass sie unsere Lebensmittel von unserem Frühstückstisch picken konnten. Das niederländische Paar war seit einer Woche mit den Rädern in der Türkei unterwegs und sie folgten einer ausgearbeiteten Route für einen Monat, bevor sie nach Vietnam fliegen wollten, um dort den europäischen Winter bei angenehmen Temperaturen radelnd zu verbringen. Ein interessantes Konzept für das Rentenalter, vielleicht werden wir uns in vielen Jahren nochmals an die beiden erinnern. Vom antiken Pergamon, welches uns vor allem durch das einzigartig steil gebaute Amphitheater mit atemberaubenden Ausblicken beeindruckte (das steilste der antiken Welt), hat man einen fantastischen Blick über Bergama. Der Besuch hatte sich definitiv gelohnt!

Der Ausblick vom Amphitheater Pergamons war atemberaubend.

Das nächste große Ziel war Izmir. Nach einer langen Etappe von gut 120 Kilometern blieben wir dort bei einem „Freund einer Freundin" von mir, die ich auf einer meiner früheren Trampreisen kennengelernt hatte. Am nächsten Morgen trafen wir zudem die „Freundin der Freundin der Freundin von Freunden". Wie wir Aysel, die „Freundin einer Freundin einer Freundin von Freunden" trafen, war ein unglaublicher Zufall. Direkt nach dem Erreichen der Innenstadt Izmirs fuhren wir einen Schlenker in die Ausgehmeile und da rief plötzlich jemand energisch immer wieder „Hier, Hier" und tatsächlich war es Aysel, die Niederländerin, der wir durch puren Zufall in dieser Millionenstadt Izmir über den Weg fuhren und die wir nie zuvor gesehen hatten. Ziemlich verrückt! Die Türkei ist wohl doch kleiner als man denkt und unser „Tandembus" natürlich immer sehr auffällig. Zum Glück!

Am nächsten Morgen trafen wir Aysel am Ufer in der Altstadt und hatten eine schöne gemeinsame Zeit. Aysel war selbst schon mit dem Rad über mehrere Wochen durch Europa gereist und hatte mit ihren 50 Jahren eine bewegende Geschichte hinter sich. Geboren in einer niederländisch-türkischen Familie und auch in den Niederlanden aufgewachsen, musste sie mit 16 Jahren einen Mann heiraten, den sie nicht gewählt hatte und den sie nicht heiraten wollte. Mit 17 wurde sie ungewollt Mutter einer Tochter. Aber für eine selbstbestimmte Frau wie sie konnte dies nicht gutgehen und so ließ sie sich von ihrem deutlich älteren Ehemann scheiden. Nach vielen

Jahren in den Niederlanden entschied sie vor sieben Jahren, in die Türkei zu ziehen, um zu sehen, ob sie dort ein erfülltes Leben fände, und engagierte sich nebenbei, so radsportbegeistert wie sie war, im türkischen Radsportverband und begleitete die Nationalmannschaft zu Rennen. Es stellte sich heraus, dass Aysel dieselben türkischen Radsportler kannte, die auch ich von verschiedenen Rennen kannte, was die Situation irgendwie noch spezieller machte und wieder zeigte, wie klein die Welt oftmals ist.

Izmir hat uns mit seiner Lage um eine riesige Bucht des ägäischen Meeres herum und seinem Basarviertel „Konak" zwar gut gefallen, als weitere Großstadt allerdings keine besonderen neuen Eindrücke hinterlassen. Ich kannte die Stadt bereits von früheren Reisen als Tramper und freute mich, ein paar Erinnerungen aufleben zu lassen. Die Freunde von damals waren allerdings alle weggezogen und dies vor allem, um dem Regime und der Perspektivlosigkeit als junge, offene und gut ausgebildete Menschen zu entkommen.

So fuhren wir am Mittag nach unserem Treffen mit Aysel weiter nach Cesme, wo eine gute Freundin von Violas Mutter, Nuran, zufällig zu dieser Zeit mit ihrem Mann Ogün Urlaub im eigenen Ferienhaus machte. Durch das Treffen mit Aysel waren wir spät dran und neben den zahlreichen Hügeln, die wir überwinden mussten, wehte ein kräftiger Wind von vorne. Kurz vor der Kuppe eines etwa fünf Kilometer langen Anstiegs trafen wir Carlos, einen Spanier, der zusammen mit seiner Freundin auf eine gemeinsame Radtour um die Welt aufgebrochen war. Nun war er allerdings allein unterwegs, seine Freundin hatte die Belastungen dieser Reise nicht mehr ausgehalten und so hatten sie sich getrennt. Viola machte auch schnell den Grund für die Trennung aus. Carlos erzählte uns, gleich nach der Kuppe ginge es die letzten 30 Kilometer bis Cesme nur noch bergab. Viola war erleichtert, denn nach fast 100 hügeligen Kilometern mit Gegenwind war sie ziemlich müde. Nach einer kurzen Abfahrt von etwa zwei Kilometern Länge aber baute sich der nächste Anstieg vor uns auf. Und so ging es weiter, immer schön hügelig bis nach Cesme. Viola war stinksauer auf Carlos, dass er so falsche Hoffnungen gemacht hatte, und zeigte großes Verständnis für seine Freundin, die sich unter solchen Umständen von ihm getrennt hatte.

Endlich in Cesme angekommen, wurden wir sehr herzlich aufgenommen und mit einem wunderschönen Zimmer und familiärer Atmosphäre verwöhnt. Eine kleine Reisegruppe, die Nuran mit ihrem Mann Ogün mit nach Cesme brachte, um ihnen im Rahmen eines organisierten Sporturlaubes aktiv Land und Leute näher zu bringen, empfing uns zudem wie ein kleiner Fanclub. Wir nutzten mit Begeisterung die Waschmaschine und genossen es, zwei Tage lang an den Wanderungen und anderen normalen Urlaubsaktivitäten teilzunehmen. Da die Begeisterung unter den vor allem deutschen Urlauberinnen für unsere Reise sehr groß war (die Strecke, die sie in den Urlaub geflogen waren, hatten wir mit dem Tandem hinter uns gebracht) veranstalteten wir ein kleines Probeevent, und eine nach der anderen stieg hinter mir auf das Tandem und drehte eine kleine Runde. Die Begeisterung für unser Unternehmen, die wir hier erfuhren, war nochmals ein super Motivationsschub für die anstehenden Strapazen!

Die Proberunden machten allen viel Spaß.

6.2 Über Ephesus und Olympos nach Antalya

Nach zwei Tagen „Urlaub" machten wir uns nach dem Motto „Heute fahren wir so viel wie wir schaffen" auf in Richtung Ephesus, und obwohl die ersten 30 Kilometer ja bekanntlich nur bergauf führten (es war dieselbe Strecke, die wir vor wenigen Tagen erst gekommen waren) waren wir nach 145km und knapp 1500 Höhenmetern plötzlich in Ephesus angekommen. Auf einem Campingplatz unterhalb der alten Festungsanlage trafen wir einen anderen deutschen Radreisenden. Michi war genau wie wir aus Deutschland nach dem Abitur zusammen mit Anna losgefahren und gemeinsam waren sie auf dem Weg Richtung

Südostasien. Vor einigen Tagen hatten sie aber entschieden, für eine Woche getrennte Wege zu radeln und so lernten wir vorerst nur Michi kennen.

Die antike Stadt Ephesus ist besser erhalten als die anderen antiken Städte entlang der türkische Mittelmeerküste und teilweise originalgetreu rekonstruiert. Zudem waren wir von den Ausmaßen der Gebäude sehr beeindruckt. Kaum vorzustellen, dass Menschen vor etwa zweitausend Jahren solch riesige Bauwerke ohne heutige Maschinen errichtet haben! Leider ist Ephesus eine echte Touristenhochburg. Teilweise musste man sich durch Menschenmengen pressen oder einfach im Schwarm mitschwimmen. Mindestens 20 geführte Gruppen gleichzeitig, überall verschiedenste Sprachen, Fähnchen in der Luft und Menschen mit aufgeklebten Nummern und Audioguides. Eine echte Massenabfertigung! Pergamon hatte uns insgesamt deutlich besser gefallen. Interessant ist die Region um Ephesus aber auch für die Anfänge des Christentums, da Maria, die Mutter von Jesus, hier in einem Haus nach dem Tode Jesu' gelebt haben soll, und auch Paulus kam nach Ephesus und verfasste hier einige der Schriften, die heute Bestandteil der Bibel sind.

Am nächsten Tag fuhren wir dann mit Michi weiter. Es folgte eine Nacht auf einem Baumwollfeld zwischen den pieksigen Pflanzen und eine Etappe, auf der Michi drei Platten hatte (wir waren noch immer ohne einen einzigen Plattfuß unterwegs). Viola wünschte sich Ruhe und Komfort und übernachtete in einem kleinen Hotel, während ich eine Nacht mit Michi in seinem kleinen Zelt auf einer Art Industriebrache verbrachte, die mit zwei alten freistehenden Toiletten besonderen Charme versprühte. Nach dieser speziellen Nacht näherten wir uns dem schönsten Abschnitt unserer Strecke entlang der Mittelmeerküste.

Ein Wildcampingplatz mit besonderem Charme.

Radlergemeinschaft am Mittelmeer.

Nach einer wunderschönen Etappe durch die Berge entlang der Mittelmeerküste erreichten wir Akyaka, wo wir Michis Reisebegleiterin Anna, die eine Woche lang eine abweichende Route gefahren war, trafen. Bei unseren Etappen entlang der bergigen Mittelmeerküste genossen wir die immer wieder auftauchenden, fantastischen Blicke auf das strahlend blaue Mittelmeer und sogen den intensiven Geruch der Pinienwälder auf. Viele der steilen Steigungen entschädigten mit wunderbaren, kurvigen Abfahrten im Schatten der lichten Wälder, und in fast jedem Dorf fanden wir frisches Gemüse für unsere Mittagspause.

Zu viert lohnte es sich für uns, ein kleines Appartement nahe des Hafens in Akyaka zu mieten, und am nächsten Tag fuhren wir zu viert weiter nach Dalyan, einer wunderschönen kleinen Stadt an der Mittelmeerküste, die neben kleinen Läden, Restaurants am Fluss und beeindruckenden Felsengräbern bekannt für die dort Eier ablegenden Karettschildkröten ist.

Dort angekommen, blieben wir auf einem sehr schönen Campingplatz unter dichten Bäumen mit einer Terrasse direkt am Wasser und Ausblick auf die nachts erleuchteten Felsengräber der Lykier.

Radlergemeinschaft mit Anna und Michi.

Die Felsengräber der Lykier bei Nacht von unserer Terrasse aus.

Wir genossen die leckeren reifen Feigen von den Bäumen und unternahmen gemeinsam einen Bootsausflug über das Delta des Flusses bis zu seiner Mündung ins Mittelmeer. Leider haben wir zu dieser Jahreszeit keine Schildkröten sehen können, dennoch genossen wir das freie Schwimmen im Meer vom Boot aus sehr. Fast wäre so ein perfekter Tag ohne Komplikationen zu Ende gegangen, aber nur fast. Da unser Boot aufgrund des seichten Wassers im Brackwasserbereich des Deltas zu viel Sand angesaugt hatte fiel der Motor aus. So warteten wir bei Sonnenuntergang gut gelaunt über die kostenlose Verlängerung unseres Ausfluges auf einer kleinen Insel, bis der Vater des Skippers mit einem Ersatzboot gekommen war. Während der Abenddämmerung wurden wir zurück nach Dalyan über den Fluss bei ganz besonderer Abendstimmung abgeschleppt.

Anders als Michi und Anna entschlossen wir uns, einen weiteren Tag in diesem Paradies in Dalyan zu verbringen, um die berühmten Matsch- und Schwefelbäder für umgerechnet weniger als einen Euro pro Person zu besuchen und das Urlaubsgefühl an der Mittelmeerküste aufzusaugen. Den Weg dahin nahmen wir im Gegensatz zu den anderen Touristen, die sich ein Taxiboot mieteten, natürlich mit dem Tandem in Angriff. Über eine Straße mit dem gröbsten Asphalt, den wir bislang beradelt hatten, holperten wir etwa zehn Kilometer am Ufer des Flusses und am Ufer des darüberliegenden Sees entlang, bis wir endlich ein kleines Schild sahen, das die

Abzweigung zu den heißen Schwefelbädern und dem Schlammbecken direkt am Seeufer zeigte. Wir sprangen in unseren Badesachen in die zähe graue Masse, in der wir fast stecken blieben. Durch heiße Thermalquellen war der Matsch allerdings angenehm warm und nach etwas Spielerei und einige Minuten später waren wir bis auf Augen und Mund voller Schlamm, ein perfekter Schutz gegen Sonnenbrand. Nach einiger Zeit außerhalb der Matschkuhle wurde unsere Schutzschicht trocken und begann zu spannen. Mit einem Köpper sprangen wir in das klare Seewasser und zogen einen langen grauen Schleier hinter uns her. Nach einigen Tauchgängen waren wir weitestgehend wieder hautfarben und genossen noch für einige Zeit die warmen Schwefelbäder, bevor wir uns mit dem Tandem auf den ruckeligen Heimweg machten.

Erinnern werden wir uns wohl auch immer, dass wir dort morgens im Zelt aufwachten, weil die Erde unter uns bebte, und auf dieser lagen wir nun einmal direkt. Nach wenigen Sekunden war das Erdbeben allerdings schon vorbei und es wurde zum Glück kein schwererer Schaden angerichtet. Es war so früh morgens, dass die meisten Menschen vermutlich das Beben verschlafen hatten, wenn man nicht unfreiwillig direkt auf dem Erdboden lag, weil eine unserer Luftmatratzen immer wieder eigenwillig ihre Luft über Nacht verlor. Für kurze Zeit waren wir etwas verängstigt, denn wir hatten nie zuvor ein Erdbeben miterlebt und waren uns nicht sicher, ob weitere Beben folgen würden. Und die unerschütterliche Annahme, dass der Boden nun einmal stabil ist und sich nie bewegt, wurde an diesem Morgen widerlegt. Der Ort aber erschien uns trotz dieses etwas verstörenden Erlebnisses mit seiner Mischung aus Authentizität und Tourismus sowie der einzigartigen Lage am Flussdelta mit historischen Stätten wie den Felsengräbern und der antiken Stadt Kaunos paradiesisch und sollte unsere Nummer eins der Reiseempfehlungen entlang der Mittelmeerküste bleiben.

Die nächsten Etappen entlang der Mittelmeerküste waren zwar extrem bergig, aber auch so wunderschön, dass wir das Radfahren sehr genießen konnten, und immer wieder trafen wir auf weitere Felsengräber der Lykier. Die Natur hielt hinter jeder Kurve eine kleine Überraschung bereit und jeder Blick auf das weite blaue Meer faszinierte uns. Dazu hatte sich eine angenehme Reiseroutine aufgebaut. Gegen Mittag suchten wir in einem der Supermärkte oder auf einem Basar Gemüse und Obst, welches wir dann im Schatten eines Moscheehofes dank der Wasserhähne abwuschen und die Bänke und Tische, die fast jede Moschee bereithält, ergaben immerzu einen perfekten Platz für unsere Mittagspause. Im Laufe des Nachmittages kauften wir dann nochmals für unser Abendessen ein.

Die Türkei hielt vor allem im Spätsommer ein reichhaltiges Angebot an Tomaten, Paprika, Gurken, Feigen, Granatäpfeln und anderen Köstlichkeiten bereit. Vor allem für Violas unstillbaren Gurkenhunger war dies eine Traumzeit. Abends suchten wir dann entweder einen Wildcampingplatz, oder aber wir wählten einen der zahlreichen Campingplätze, wenn wir einmal wieder Strom und eine Dusche benötigten. Die Infrastruktur für Radreisende in der Türkei wurde noch perfektioniert durch die Gegebenheit, dass entlang der Überlandstraßen regelmäßig Tankstellen zu finden waren, die uns mit kostenlosen, sauberen Toiletten versorgten, und Trinkwasser gab es an fast jeder Moschee. Wenn wir uns doch einmal unsicher waren, so kauften wir einen der Fünfliterkanister, der perfekt in unsere acht Radflaschen passte oder filterten Wasser mit unserem Wasserfilter. So ergab sich ein angenehmer, neuer Reisealltag bei perfekten sommerlichen Radreisetemperaturen Ende September in der Türkei.

Die weitere Strecke entlang der Mittelmeerküste blieb wie gewohnt: wunderbare Strände, schöne Natur, kleine Touristenstädte und sehr hügelig. Der erste Abstecher von unserer Route führte hinter Fethiye (was uns entgegen der Erwartungen im Vergleich zu den anderen Küstenorten ein wenig enttäuschte) zum Saklikent-Canyon, einer 18km langen und bis zu 300m tief eingeschnittenen Schlucht in den Bergen. Mal wieder waren wir bis kurz vor Sonnenuntergang unterwegs und so verschoben

Wunderbare Ausblicke auf das Mittelmeer, nachdem der Anstieg überstanden war.

wir die Wanderung auf den folgenden Morgen. Passend zum Frühstück zogen nach Wochen des strahlend blauen Himmels Wolken auf und mit Glück konnten wir noch den Canyon betreten. Nach einigen hundert Metern war dieser beeindruckende Ort leider gesperrt, was aufgrund der durch Regenfälle zu erwartenden Wassermassen sicher eine gute Entscheidung war. Dennoch waren auch so die sprudelnden Quellen aus den Felsen des Berges und die hohen Steilwände ein beeindruckendes Stück Erde. Mit dem ersten Regen liefen wir zurück zum Zelt und packten gerade rechtzeitig alles in Eile zusammen. Es folgten zwei bibbernde Stunden unter einem Baum bei Sturm, Gewitter und Starkregen zusammen mit ein paar ebenfalls frierenden und Schutz suchenden Straßenhunden, die sich um uns scharten. Beschweren konnten wir uns über das Wetter aber eigentlich nicht, denn in den bisher zwei Monaten unserer Reise war dies erst der vierte Regentag.

Nachts bei Vollmond am Strand.

Nach Etappen direkt entlang der Steilküste des Mittelmeeres mit wunderbaren Ausblicken auf das blaue Wasser, die schäumenden Wellen unter uns und auf guten Straßen erreichten wir das nette Städtchen Kas (sprich Kasch), am Südzipfel der türkischen Mittelmeerküste. Von dort aus fuhren wir über Olympos und Cirali Richtung Antalya. Unterwegs verbrachten wir noch eine wunderbar ruhige Nacht mit Wellenrauschen in unserem Zelt einsam am Strand, bevor wir mit Olympos unsere letzte historische Stadt anfuhren.

Die schiere Anzahl der antiken Ausgrabungsstätten entlang der Mittelmeerküste erschöpfte uns mit der Zeit und verlor ein wenig ihren Reiz. Durchflossen von kleinen, klaren Bächen bot dieser Ort ein angenehmes Flair, deutlich weniger Besucher als Ephesus und interessante Begegnungen mit mehreren Deutschen, darunter auch einigen aus Aachen, der Stadt, wo wir studiert und uns kennengelernt hatten.

Als wir uns auf den Weg über den Strand in Richtung Cirali, einem nahegelegenen Urlaubsdorf und Ziel unserer Tagesetappe, machten, standen wir plötzlich Fatih gegenüber, Violas AirBnB-Host aus Istanbul. Ohne miteinander kommuniziert zu haben, trafen wir uns hier, etwa 1.000 Kilometer von Istanbul entfernt, wieder. Nach der unerwarteten Begegnung mit Aysel in Izmir war dies ein weiterer riesiger Zufall auf dieser Reise, den wir kaum begreifen konnten.

Wir schoben anschließend unser vollbepacktes Tandem mühsam über den Strand an den staunenden Badegästen vorbei und erreichten nach einiger Zeit den Ort Cirali, der bekannt ist für seine ewigen Flammen. Seit der Antike verbrennen dort aus dem Erdreich entweichende Gase und bieten vor allem nachts einen mystischen Anblick. Dies wussten leider nicht nur wir, sodass die Nachtwanderung auf den Berg eher einer Massenwanderung als der erhofften einsam-romantischen Unternehmung glich. Bis wir loswanderten, konnte ich die Existenz der Flammen immerhin vor Viola verheimlichen, sodass es doch noch eine kleine Überraschung für sie wurde.

Auf den letzten Kilometern nach Antalya machten wir noch einen kleinen Abstecher zum Robinson-Club in Camyuva, in dem Viola schon einmal ihren Urlaub verbracht hatte und der für mich absolutes Neuland darstellte. Mit einer Clubführung konnte mir Viola diese andere Art von Urlaub ein kleines Stückchen näherbringen, auch wenn es mir wie eine ganz andere Welt vorkam, wie die deutschen Urlauber hier in ihrer All-inclusive-Blase, abgesondert von der Umgebung und dem Land, in dem sie hier waren, ihren Urlaub verbachten. Für diese Reise, da waren wir uns einig, war diese Unterkunft jedoch nicht bestimmt, denn so abgeschieden von der Kultur und den Menschen der Türkei wollten wir nicht einen einzigen Tag unserer Reise verbringen.

In Antalya angekommen, überraschten uns die gemütliche Altstadt und der Hafen sehr positiv, jedenfalls deutlich mehr als die überall deutschsprechenden Touristen und Basarverkäufer. Untergebracht waren wir bei Mavi, einem Radladenbesitzer und unserem Warmshower-Host, der leider nur türkisch sprach und so gestaltete sich die Kommunikation trotz Google-Übersetzer sehr mühsam. In Antalya kam es auch zum erneuten

Wiedersehen mit Michi und Anna, die dort wie wir zwei Ruhetage verbrachten, und wir lernten ein deutsch-namibianisches Paar kennen, welches von Deutschland aus mit dem Fahrrad auf dem Weg nach Afrika war, denn sie kam ursprünglich aus Namibia und die zwei wollten über Ägypten von einem zum anderen Elternhaus fahren, eine sehr spannende Geschichte.

Beim Schlendern durch die Altstadtgassen entdeckte Viola einige Silberketten, die ihr sehr gut gefielen. Am nächsten Tag, als ich allein unterwegs war, kaufte ich eine dieser Ketten und versteckte sie gut in meinem Gepäck, um Viola bei passender Gelegenheit eine Freude zu machen oder auch, um für ganz schlechte Zeiten gewappnet zu sein.

7 Abschied vom Mittelmeer und Ankunft in Anatolien

Ab Antalya fuhren wir nach Nordosten Richtung Zentralanatolien unserem Ziel Kappadokien entgegen und verließen mit etwas Wehmut die schöne mediterrane Küste, die uns während der letzten Wochen begleitet hatte. Auch wenn die Mittelmeerküste schon sehr bergig war, so war sie dennoch nicht zu vergleichen mit dem Taurus-Gebirge, welches sich uns nun in den Weg stellte. Auf der ersten Etappe, die uns in die ersten Ausläufer des Gebirges hineinbringen sollte, machten wir noch spontan einen Stopp an einem mächtigen Fluss, der aus einer Schlucht hervortrat, und unternahmen eine knapp zweistündige Raftingtour. Der Schlafplatz, den wir anschließend in der Nähe der einsamen Straße im Gebirge fanden, war traumhaft. Direkt an einem Bach gelegen, hatten hier Bauern vor vielen Jahren Terrassen angelegt, vermutlich, um den Schafen Weidegrund zu schaffen. Diese flachen und durch Hecken abgetrennten Parzellen ergaben den perfekten Campingplatz, mitten in der Wildnis und doch perfekt gelegen und von Feigenbäumen umgeben. Wir bauten unser Zelt auf, machten ein wunderbares Lagerfeuer und kochten gemütlich unser Abendessen mit unserem Campingkocher. Nachts konnten wir dem Rauschen des Wassers lauschen und hörten immer wieder Steine den steilen Geröllhang auf der anderen Seite des Flussbettes herunterstürzen.

Gemütliches Lagerfeuer im Gebirge.

Am nächsten Tag kämpften wir uns über kleine Straßen mit unserem Tandem und all dem Gepäck weiter bergan in Richtung der auf über 1.800 Metern gelegenen Passhöhe. Nach etwa 30 Kilometern Steigung erreichten wir ein kleines Bergdorf, wo wir zu Mittag nett zu Gözleme und Cai eingeladen wurden, bevor der eigentliche Pass begann. Es war interessant, zu sehen, wie die Familie in ihrem Garten saß und Gözleme zubereitete. Gözleme ist ein traditionelles Gericht, welches aus einem auf einer riesigen, heißen, gerundeten Metallplatte gebackenen Brotfladen zusammen mit Käse, Tomatenstückchen und Kräutern zubereitet wird. Später erfuhren wir, dass genau bei derselben Familie Michi und Anna, die auch unseren Weg gewählt hatten und einen Tag vor uns aus Antalya aufgebrochen waren, übernachtet hatten. Je entfernter wir von den Hauptrouten unterwegs waren, desto gastfreundlicher waren die Menschen und beschenkten uns immer wieder mit leckeren Früchten und Gemüse aus ihren Gärten, in denen es im Herbst nun massenhaft gab. Die Natur versorgte uns weiter sehr reichhaltig mit Melonen, Feigen, Granatäpfeln und Kakis und die Gastfreundschaft vieler Türken verzauberte uns. Die Reise war vollends zu unserem Alltag geworden und die Türkei machte es uns leicht, diese neue Lebensrealität zu genießen.

Direkt nach der Mittagspause ging es in die eigentliche Passstraße, welche sich über 15 Kilometer und etwa 800 Höhenmeter teils mit über 12% bergauf wand und uns an unser körperliches Limit brachte. Auf dem rauen Asphalt fuhr es sich zusätzlich schwer und an vielen Stellen war die Straße mit grobem Schotter zugeschüttet, sodass nur ein 30 bis 40 Zentimeter breiter Asphaltstreifen als Spurrille der Autos frei geblieben war, den wir nicht verlassen durften, denn ein erneutes Anfahren auf diesem schmalen Streifen bei der enormen Steigung wäre vermutlich nicht möglich gewesen. Keine einfache Aufgabe bei maximal Schrittgeschwindigkeit und unserem riesigen Gefährt. Die Aussicht war allerdings atemberaubend, während wir uns an unserem körperlichen Limit bergan quälten, und entschädigte wenigstens ein wenig, wenn denn mal Zeit blieb, um nicht konzentriert die schotterfreie Rinne auf der Straße halten zu müssen. Nach zwei Stunden Quälerei kamen wir endlich inzwischen leicht frierend auf der Passhöhe auf gut 1.800 Metern Höhe an.

Rückblick auf die letzten Meter unseres Anstiegs.

Doch dort endete plötzlich der Straßenbelag und wir holperten mit unserem Tandem und den sechs Gepäcktaschen über die Schotterpiste bergab. Zum Glück gelang es mir auch hier wieder, das Tandem sicher zu steuern und den dickeren Steinbrocken auszuweichen, sodass wir ohne Platten und Durchschlag immer weiter Richtung Tal fuhren. Nach einigen Kilometern sahen wir erste kleinere Hirtendörfer aus Zelten mit vielen Schafherden, und je tiefer wir kamen, desto wärmer wurde es auch wieder. In einem kleinen Dorf wurden uns Tomaten geschenkt und nach einer sehr kalten Nacht im Zelt, dafür mit wunderbarem Vollmond, trafen wir nach der Mittagspause Michi und Anna wieder, als sie entlang der Straße Rast machten und wir damit den Tag Rückstand wieder aufgefahren hatten. Anna hatte den Pass leider nicht gesund überstanden und litt nun an einer Mandelentzündung. Auch Viola war so kaputt, dass sie sich zwischenzeitlich einfach auf den Standstreifen legte, um sich etwas auszuruhen. Das Taurusgebirge hatte uns alle an oder auch über unser körperliches Limit hinausgebracht, und es wurde dringend Zeit für Erholung.

Nach einem leckeren Mittagessen in einer „Lokanta", einer der zahlreichen Restaurants mit Mensacharakter entlang der Fernstraßen, ging es ihr allerdings wieder deutlich besser. Als kleine Zusatzherausforderung riss kurze Zeit später auch noch unser Schaltzug, sodass wir nur noch im größten Gang vorankommen konnten. Da dies jedoch ein typischer Defekt ist, hatten wir vorgesorgt und für unser Tandem extralange Schaltzüge dabei. Als halbwegs erfahrene Radmechaniker dauerte es nur etwa 20 Minuten und wir konnten mit neuem Schaltzug die letzten Kilometer über die Berge zu unserem Etappenziel in Angriff nehmen. Schon in der Dämmerung erreichten wir nach Ende dieser weiteren langen Etappe Konya und waren sehr froh, die letzten Herausforderungen überstanden zu haben. In den letzten drei Tagen hatten wir 300 Kilometer mit 4.000 Höhenmetern auf dem vollgepackten Tandem hinter uns gebracht, das war auch für uns keine Kleinigkeit. Wie sehr es uns ge- oder auch überfordert hatte, sollte sich schon bald zeigen.

In Konya konnten wir unserer „Freunde-von-Freunden"-Sammlung noch zwei weitere Stufen hinzufügen. Dank Aysel hatten wir Kontakt zu dem Besitzer eines Radsportgeschäftes in der Stadt. Da dieser allerdings an dem Abend als wir Konya erreichten keine Zeit hatte, wurden wir an einen seiner Freunde weitergeleitet, der gut Englisch sprach. Kudret, kurz Kudi, war also der Freund eines Freundes einer Freundin einer Freundin einer Freundin von Freunden. Da Kudi einmal mit einer Tschechin verheiratet gewesen war, die als Englischlehrerin in der Türkei gearbeitet hatte, sprach er gutes Englisch. Als Kantinenchef des Werkes von „Torku", dem vielleicht größten Lebensmittelhersteller der Türkei (besonders bekannt für seine Süßigkeiten wie Lokum, „Turkish delight"), war er wiederum für das beste türkische Radsportprofiteam „Torku Sekerspor" als Dolmetscher tätig gewesen. Und so schloss sich erneut ein Kreis, denn ich kannte einige der Fahrer, die er als Dolmetscher mitbetreut hatte. Gut ein Jahr bevor wir nun mit dem Tandem nach Konya kamen, hatte ich noch an der „Tour of Mevlana", einem viertägigen Profirennen in Konya mit meinem Team „Embrace the World" teilgenommen. Dort mussten wir uns sogar begegnet sein, ohne zu wissen, dass ich nun ein Jahr später bei ihm zuhause Gast sein würde.

Die Hauptattraktion von Konya, der „Hauptstadt" Anatoliens, die bekannt ist als Zentrum der religiös-konservativen anatolischen Bevölkerung, ist der Mevlana-Schrein und der Mevlevi-Orden. Konya ist das Zentrum des Sufismus in der Türkei, denn Rumi (in der Türkei Mevlana genannt) liegt dort in einem großen Mausoleum begraben und an seiner Grabstätte, einer bedeutenden Pilgerstätte der Sufis, ist das Mevlana-Museum entstanden, welches bis zur Zeit Atatürks den Mevlevi-Orden beherbergte. Rumi gilt vielen als der Meister des Sufismus und als größtes Vorbild. Der Sufismus begleitete uns schon seit dem Betreten der Türkei immer wieder und sollte es auch noch lange auf der Reise tun. Die Mystiker, wie die Anhänger dieser liberalen Religionsphilosophie auch bezeichnet werden, sind vor allem durch ihre drehenden Derwische bekannt. Durch das Drehen versuchen sie, sich in Trance zu drehen und singen, um dadurch dem Übernatürlichen und Gott am nächsten zu sein. Im Gegensatz zu einigen Religionen scheinen sie aber einen sehr integrativen Sinn zu haben und respektieren jede Religion und verbinden verschiedene Elemente in ihrer Philosophie. Der Sufismus entwickelte sich über Jahrhunderte als mystische Strömung im Islam und integriert dank seiner sehr liberalen und weltoffenen Gesinnung viele Elemente anderer Religionen in seine Traditionen. Als gemeinsames, alle Religionen verbindendes Element sehen die Suffis eine religiöse Mystik, die allen Religionen zu Eigen ist und die den Menschen näher zu Gott bringt.

Neben dem Mausoleum Rumis entdeckten wir ein neues Museum, das uns mit einem 360-Grad-Panorama aus dem Leben Rumis begeisterte. Von einem kreisrunden Rundgang aus sah man auf ein Stillleben aus Figuren, die absolut realistisch aus Wachs gestaltet waren, wie sie alltäglichen Beschäftigungen des Mittelalters nachgingen. Diese Szenen gingen dann unbemerkt in ein ebenfalls 360-Grad Wandgemälde über und diese optische Perfektion war erstaunlich und beeindruckend.

In Konya trafen wir am nächsten Tag auch wieder auf Michi und Anna, die es nun trotz Halsschmerzen bis hierhergeschafft hatten. Dazu lernten wir Jitse kennen, einen Niederländer, der allein mit dem Rad unterwegs war nach Indien. Er war schon seit einem Jahr unterwegs, ließ es allerdings deutlich gemütlicher angehen als wir es taten. Außerdem war ihm zwischenzeitlich in Griechenland „glücklicherweise" sein Rad gestohlen worden, weshalb er zurück in die Niederlande musste, um sich dort ein neues zu organisieren. Während dieses Heimaturlaubes hatte er dann, wie das Schicksal es wollte, seine neue Freundin kennengelernt und die beiden planten, sich nun in Georgien wiederzusehen und ab dort gemeinsam mit dem Rad die Reise fortzusetzen. Zusammen mit Michi und Jitse besuchten wir abends eine Gesangszeremonie eines Derwischordens, die uns mit ihren Rhythmen und der Freude, die die Männer ausstrahlten, faszinierte.

Seit unserer Ankunft in Konya in Zentralanatolien, das auf einer Hochebene auf über 1.000 Metern liegt, waren die Herbstnächte im Zelt deutlich kälter geworden. Insbesondere Viola war nach der durchfrorenen Nacht nach der Überquerung des Taurus-Gebirges nicht mehr gewillt, weiter im Zelt zu schlafen. Bislang hatten wir uns offengehalten, ob wir nach Erreichen des nicht mehr weit entfernten Kappadokiens weiter nach Nordosten in Richtung Georgien fahren würden, oder aber ob wir dem heraufziehenden Winter weiter entkommen wollten, um mit Zypern wieder ein perfektes Radreiseklima zu erreichen.

Mit der Kälte, die wir bei Konya spürten, war für Viola die Entscheidung eigentlich klar und auch ich war insgeheim froh darüber, dass mir diese Entscheidung abgenommen wurde. Und dies insbesondere, nachdem ich gesehen hatte, dass uns im November in Georgien in etwa Temperaturen wie in Deutschland im März erwarten würden, und dazu kämen im Schnitt 13-15 Regentage pro Monat, eine viele Unannehmlichkeiten versprechenden Mischung und eine ziemliche Horrorvorstellung, wenn man mit nur einem Pullover, einer Jacke und so weiter dann bei diesen Temperaturen im Regen zelten müsste, um am nächsten Morgen noch immer frierend wieder in die nicht getrockneten Radsachen zu steigen. Wir würden uns nach dem Erreichen Kappadokiens also wieder nach Süden wenden und mit einer Fähre über das Mittelmeer nach Zypern übersetzen, um von dort aus in die Emirate zu fliegen. Somit würden wir unter Auslassen des Irans dort unsere geplante Route über den Oman nach Indien und Singapur fortsetzen. Durch diesen Entschluss ersparten wir uns viele kalte und regnerische Tage auf dem Rad und im Zelt. Sich spontan nach neuen Begegnungen und Begebenheiten zu richten und Pläne zu ändern machte eben auch einen Teil des Reizes unserer Reise aus und wir waren überzeugt, dass mit jeder Veränderung und Entscheidung nicht nur etwas verloren ginge, sondern gleichzeitig auch neue Chancen geboren würden und uns andere unvergessliche Augenblicke bevorstünden.

7.1 Ein erster Zwischenfall

Die ersten Kilometer aus Konya heraus waren hässlich. Soweit wir sehen konnten, erblickten wir nichts als dreckige Industriegebäude. Jitse folgte uns einige Stunden später auf derselben Straße, Michi und Anna würden noch einige Tage in Konya bleiben, bis Anna wieder gesund sein würde. So waren wir wieder zu zweit auf unserem Tandem unterwegs und hatten an dem Tag den Fehler begangen, mit nur einer vollen Wasserflasche loszufahren. Sobald wir aber den Industriegürtel der Großstadt verlassen hatten, verstanden wir, weshalb in den sechziger Jahren so viele Bewohner Anatoliens nach Deutschland auswanderten. Vor unseren Augen erstreckte sich eine unendliche gelbgraue Ebene ohne irgendeine Abwechslung. Die Luft flimmerte durch den Smog, der hier herrschte und der Horizont verschwamm in einem undefinierbaren grauen Matsch. Nicht einmal die ansonsten so zuverlässigen Tankstellen hielten diese unendliche Trostlosigkeit aus, und so waren wir schnell ohne Wasser unterwegs. Nach etwa zwei Stunden Fahrtzeit entdeckten wir endlich eine Tankstelle und konnten unsere Wasservorräte wieder auffüllen. Für viele Kilometer sollten wir allerdings abermals nur unendliche, staubige Weiten sehen.

Plötzlich erspähte Viola in ihrer zwanghaften Suche nach irgendetwas anderem als trockenen Halmen, Erde und Dunst im Straßengraben eine Wassermelone. Wir hatten keine Ahnung, wo diese hergekommen sein sollte, aber wir hielten an in der Hoffnung, unser Mittagessen gefunden zu haben und tatsächlich war die Melone äußerlich unversehrt. Mit der Melone im Gepäck erreichten wir nach etwa 70 Kilometern eine Tankstelle, wo wir unsere Mittagsrast einlegten. Wir halbierten die Melone und nachdem diese verspeist war, nutzten wir die leeren Melonenhälften als Salatschüsseln, einmal wieder ein kreativer Moment im Leben als Reiseradler.

Zu dieser Zeit hielt an der Tankstelle einer der vielen Reisebusse, die auf dem Weg nach Kappadokien waren. Es ergoss sich ein Strom von Thailändern aus dem Bus, die begeistert auf uns und unser am Bordstein lehnendes Tandem zustürzten. Es folgte ein Foto- und Selfie-Marathon, während wir eigentlich essen wollten. Während des abschließenden Gruppenfotos bemerkten wir plötzlich, dass einige Thailänder unser Tandem als Fotomotiv entdeckt hatten und gerade dabei waren auf unser Rad zu klettern. Dabei kippten sie dieses samt aller Gepäcktaschen auch noch um. Wir waren froh, als sie endlich wieder alle im Bus verschwunden waren und wir in Ruhe die Mittagspause beenden konnten.

Die erleuchtete Karawanserei in Sultanhani kurz nach Sonnenuntergang.

Sultanhani hieß die kleine Stadt, die unser Tagesziel war. Dieses kleine Städtchen mitten in der endlosen Steppe Zentralanatoliens hatte nur eine Attraktion, die Touristen hierher verschlug, und dies war die größte erhaltene Karawanserei der Türkei, die bis ins 19. Jahrhundert als Rastplatz für Karawanen diente. Viola fühlte sich am Abend allerdings nicht sehr gut, ihr Magen rebellierte und so entschlossen wir uns, ein kleines Hotelzimmer zu nehmen, um die Ruhe dieses Örtchens mitten im endlosen Grau zu nutzen, um neue Kraft zu tanken.

Am nächsten Tag, es war passenderweise der fünfte Regentag unserer Reise, ging es Viola leider deutlich schlechter, sie hatte Magenkrämpfe, musste erbrechen und konnte weder Nahrung noch Flüssigkeit zu sich nehmen. Wodurch sie sich diese Lebensmittelinfektion zugezogen hatte, war uns nicht ganz klar, weit oben auf unserer Verdachtsliste stand allerdings die am Vortag gefundene Wassermelone. Erschwerend kam hinzu, dass Violas Körper durch die Hammeretappen über das Taurusgebirge und die kälteren Temperaturen im Herbst auf der anatolischen Hochebene keine Reserven mehr hatte und es ihr nun richtig schlecht ging. Nachdem sie über den gesamten Tag nichts trinken konnte und mehrmals Galle erbrach, war klar, dass ihr Körper nicht allein mit der Erkrankung klarkommen würde. Ich eruierte die Möglichkeiten, die wir hatten und suchte das kleine Krankenhaus des Städtchens auf, in der Hoffnung, dort wenigstens ein Labor zu finden, welches helfen konnte, die Bedrohlichkeit von Violas

Zustand abzuschätzen. Leider sprach niemand in diesem Krankenhaus Englisch. Wir hatten zwar inzwischen einige Wörter Türkisch gelernt, die reichten, um uns im alltäglichen Leben beim Einkaufen oder bei der Suche nach einem Übernachtungsplatz zu verständigen. In diesem Fall reichte es aber bei weitem nicht, um die Situation zu schildern. Mithilfe eines Wörterbuches war mir dann aber irgendwann klar, dass das Krankenhaus über keinerlei Laborausrüstung verfügte und so beschränkte ich mich darauf, in den Apotheken Medikamente gegen Übelkeit und Magensäureproduktion zu kaufen. Gegen Abend wurde Violas Zustand allerdings immer schlechter und so entschieden wir uns, da Viola noch immer nichts trinken konnte, dass ich ihr einen Zugang legen würde, um darüber wenigstens Flüssigkeit substituieren zu können. Als junge Ärzte hatten wir einiges an medizinischer Ausrüstung dabei, so auch Zugänge und Infusionssysteme. Dass wir diese allerdings schon in der Türkei und nicht erst in Indien nutzen würden, damit hatten wir nicht gerechnet. Lediglich die Infusionslösung besorgte ich noch in einer der Apotheken.

Leid tat uns der nette Besitzer des Hotels, der sehr besorgt um Violas Gesundheit war. Immer wieder erkundigte er sich nach Violas Zustand und ließ Suppen und Tees zu unserem Zimmer bringen. Er bot uns außerdem an, Viola in die nächste Stadt in ein größeres Krankenhaus zu fahren. Wir hatten uns aber entschlossen, die Therapie vorerst selbst zu übernehmen. Als ich ihm dann erklärte, dass ich nun eine Infusion anhängen würde, wurde er fast panisch, denn so etwas hatte es in seinem kleinen Hotel wohl noch nicht gegeben. Auch ich fühlte mich nicht ganz wohl, denn es ist ein Unterschied, ob man in einem geordneten Setting in einem reinen Krankenhaus so etwas tut, oder aber in irgendeinem Hotelzimmer in Anatolien bei einer Person, zu der man eine tiefe emotionale Verbundenheit spürt. So war aber nun einmal die Situation und zehn Minuten später hing die Infusion von der Wandleuchte herab und Viola wurde endlich wieder mit Flüssigkeit versorgt.

Am nächsten Morgen ging es Viola glücklicherweise etwas besser und nach zwei weiteren Ruhetagen, in denen sie sich langsam erholte und die ich nutzte, um Blogeinträge zu schreiben, unser Tandem zu warten und an der Verteidigung meiner Dissertation zu arbeiten, wagten wir es wieder, aufzubrechen. Der Abschied von dem netten Hotelbesitzer war sehr herzlich und er beschenkte uns noch mit einigen Cremes aus dem kleinen Laden im Erdgeschoss seines Hauses, der immer wieder von kaufwütigen Asiaten, die in Touristenbussen auf der Durchreise nach Kappadokien hier Halt machten, geflutet wurde. Da er über einige Tage gesehen hatte, wie ich mich um Viola gekümmert hatte, prophezeite er uns, dass wir nach der Reise eines Tages heiraten würden. Wir werden sehen, ob sich seine Prophezeiung erfüllen wird, aber vorerst musste Viola fit genug sein, um weiterzureisen.

Bis nach Aksaray, der nächsten Stadt, waren es nur noch 40 flache Kilometer. Mit dem Wunsch, Viola möglichst gut zu unterstützen, fuhr ich eine Art Einzelzeitfahren und wir erreichten nach einer kurzen Pause mit einer Rekordgeschwindigkeit von durchschnittlich 30km/h Aksaray. Diese wenn auch kurze Etappe schien für Viola allerdings noch etwas zu früh gekommen zu sein und so entschieden wir uns, zwei Nächte in Aksaray zu bleiben, bevor wir kurz hinter der Stadt und hoffentlich in guter Gesundheit unser nordöstlichstes Reiseziel der Türkei erreichen würden: Kappadokien!

8 Ankunft in Kappadokien

Wieder fast vollständig genesen, fuhren wir so nach Kappadokien, einer mystischen Landschaft, die vor Jahrtausenden durch mehrfache Vulkaneruptionen von drei Vulkanen, unter anderem des Vulkanes „Hasan Dagi", entstanden ist. Durch die Eruptionen wurde der Tuffstein erschaffen, der bis heute die Landschaft prägt. Tuffstein ist ein besonders weicher Stein, und dies nutzten schon die Hethiter einige tausend Jahre vor der Geburt Jesu, um sich Behausungen in den Felsen zu schlagen und sich so vor Feinden zu verstecken. Diese Tradition wurde von

Gastfreundschaft in einem Dorf am Rande Kappadokiens.

verschiedenen Völkern fortgeführt, und so wurde etwa 3.000 Jahre lang eine fast außerirdisch anmutende Landschaft geschaffen. Auch die ersten Christen nutzten diese Umgebung, um sich der Verfolgung zu entziehen und um die ersten Höhlenkirchen zu erschaffen.

Bereits wenige Kilometer hinter Aksaray sahen wir die ersten, für die Gegend typischen Höhlen in den Felsen, welche in Richtung des Ihlara-Tals immer zahlreicher wurden. In einem kleinen Ort namens Selime beschlossen wir, die Hauptstraße zu verlassen, um uns den gewaltigen Lavasteinformationen zu nähern, die hier stark an Zuckerhüte erinnerten. Und anders als befürchtet landeten wir nicht in einer Touristenhochburg, sondern in einem kleinen Bauerndörfchen, in dem offensichtlich nur seltenst Touristen vorbeischauten. Wir wurden direkt von einer Familie zu Cay, Äpfeln und Keksen eingeladen. Nachdem wir ihre Gastfreundschaft genossen hatten und etwas auf den Felsen umhergeklettert waren, empfing uns nur wenige Meter weiter eine Horde Kinder, deren Eltern uns erneut zum Tee einladen wollten. Wir entschieden uns allerdings, mit den Kindern durch die Hügel zu klettern. Es war ein echtes Abenteuer und nicht ganz ungefährlich für uns und die Truppe von etwa Sechs- bis Vierzehnjährigen. Sie führten uns hinauf, zwischen den Felskaminen hindurch, zu einer im Felsen versteckten Kirche, die vermutlich an die zweitausend Jahre alt war und bei uns die Entdecker-Gene aktivierte.

Kurz hinter dem Dorf machten wir uns allein erneut auf Expedition und erkundeten ein altes Felsendorf inklusive imposanter Kirche mit bunten Fresken und beeindruckender Kuppel. Die vielen in den weichen Tuffstein gegrabenen Häuser zu erkunden, war wirklich einmalig, sehr spannend und kaum zu begreifen. Wir fühlten uns wie Abenteurer, die eine bislang unentdeckte historische Stadt erforschten und stellten uns vor, wie begeistert wir als Kinder durch diesen riesigen Abenteuerspielplatz geturnt wären.

Einer der ersten von Höhlen durchgrabenen Felsen am Rande Kappadokiens.

Weiter ging es zum Ihlara-Canyon, einer Schlucht, deren Felswände ebenso mit Höhlen durchsetzt sind. Hier reihten sich jedoch diverse Touristenbusse hintereinander, was die Stimmung ein wenig störte, nachdem wir bislang ganz allein auf Entdeckungstour gehen konnten. Ein wenig erschöpft gönnte Viola sich einen Kaffee, während ich allein oben entlang der Canyonkante wanderte und immer wieder die senkrechten Felskanten hinab ins Tal schaute.

Einen Übernachtungsplatz fanden wir in Güzelyurt, einem weiteren sehr sehenswerten Ort, wie wir am nächsten Tag feststellten sollten. Etwa zehn Kilometer bevor wir unseren Schlafplatz erreichten, mischte sich plötzlich ein neues Geräusch in unseren Tretzyklus. Nachdem wir kurz rollten und sahen, dass die Kette dabei durchhing, war klar: unser Freilauf in der Hinterradnabe hatte ein Problem. Die Lösung dieses Problems verschoben wir auf den nächsten Tag, denn es wurde dunkel und kalt. Provisorisch ölte ich den Freilauf, in der Hoffnung, damit das Problem vorerst gelöst zu haben. Ein elementarer Irrtum, wie sich bald zeigen sollte.

Unser Hotelzimmer war ein echtes Highlight, da es in die Felsformationen integriert war und echtes „Kappadokienfeeling" aufkommen ließ. Zum Zelten war es in Zentralanatolien auf etwa 1.300m nachts leider mit unseren Sommerschlafsäcken schon zu kalt und in Anbetracht Violas Gesundheit auch wenig empfehlenswert. Unsere mehrstündige Erkundungstour durch Güzelyurt am nächsten Morgen überraschte uns zunächst wieder mit absoluter Einsamkeit. Wie Archäologen schlüpften wir durch kleine Löcher, kletterten Felsen hinauf und folgten kleinen Gängen durch die unendlich vielen Höhlen. Einige der Höhlen werden noch heute landwirtschaftlich genutzt und dienen als Strohlager oder als Stall für Pferde und Schafe. Unsere Mittagspause verbrachten wir nach einer Kletterpartie mit fantastischer Aussicht auf der Spitze einer Felssäule, die hoch über dem Tal thronte. Ein Highlight unserer Entdeckungstour war eine verstecke unterirdische Mühle, die, wie wir später von einem Bauern erzählt bekamen, früher zur Produktion von Sesamöl genutzt wurde, um dieses als Lampenöl zu verwenden.

9 Totalschaden

Von Güzelyurt aus ging es nachmittags weiter Richtung Göreme, dem touristischen Zentrum Kappadokiens, so sah zumindest unser Plan aus. Doch leider entpuppte sich das merkwürdige Knacken am hinteren Laufrad, welches am Tag zuvor zum ersten Mal zu hören war, als ein Defekt der Hinterradnabe, der nach nur zehn Kilometern in einem Totalschaden endete. Plötzlich traten wir beide ins Leere, an Vortrieb war nicht mehr zu denken, in beide Richtungen gab es keinen Widerstand mehr, wir hatten einen doppelten Freilauf.

Da standen wir nun, mitten in der Steppe, noch weit entfernt vom touristischen Teil, mitten in der Pampa am Eingang eines winzigen Dorfes, in dem es neben ein paar Katzen, Hunden und wenigen Menschen nichts gab. Uns blieb nichts anderes übrig, als zunächst zu versuchen, den Defekt selbst am Straßenrand zu reparieren. Dies war jedoch leider nicht zielführend, denn nach dem Auseinanderbauen des Laufrades zeigte sich ein völlig zerbrochener Freilauf. Die Sperrklinken, die sich im Nabengehäuse verzahnen und so die Kraft der Pedalen über die Ketten und das Ritzelpacket an das Hinterrad übertragen, waren vermutlich der hohen Belastung durch unsere trainierten Körper nicht gewachsen und waren zerbrochen. Naja, eine andere Erklärung wäre auch, dass dieses Teil einfach nicht für die doppelte Belastung eines Tandems ausgelegt war.

Auf jeden Fall sahen wir nun, dass es nur eine Frage der Zeit gewesen war, bis dieses Materialversagen eintreten würde, und bei uns hatte sich das Schicksal eben diese Steppe für diesen Zeitpunkt ausgesucht. Die Aussichtslosigkeit unserer Situation erkennend, hatten wir Glück, denn nach einiger Zeit kam ein netter Pickupfahrer vorbei, der uns inklusive Tandem auflud und in den nächsten Ort mit „Fahrradladen" brachte. Die Fahrt auf der Ladefläche des Pickups mit dem Tandem und all dem Gepäck machte sogar richtig Spaß. Wir waren losgezogen, um unvorhersehbare Hürden zu überwinden, und diese war eine nicht zu kleine. Nach einer rasanten Fahrt auf dem Pickup am „Radladen" angekommen, konnte uns leider nicht geholfen werden, und meine selbstimprovisierte Reparatur durch Anschleifen der abgerundeten Sperrklinken hielt nur wenige hundert Meter. So machten wir uns wohl oder übel zu Fuß auf den Weg Richtung Nevsehir, der nächsten Großstadt, die noch rund 40km entfernt war, in der Hoffnung, dort eine Lösung für unser Problem zu finden. Kurz vor Sonnenuntergang (wir froren inzwischen schon ziemlich) hielt erneut ein netter LKW-Fahrer, der uns (sowie übrigens einige Kilometer später auf dem Weg bei einem Stopp an einer Tankstelle im Dunkeln noch ein weiteres eingesammeltes radreisendes Paar aus der Schweiz, die mit ihrem Hund reisten) in den nächstgrößeren Ort Nevsehir brachte, wo wir am nächsten Tag erneut auf Radladensuche gingen.

Ich verbrachte den halben Tag damit, einen den europäischen Vorstellungen entsprechenden Radladen zu finden, was sich allerdings als hoffnungslos herausstellte. Man sagte uns, dass uns im Umkreis von 300 Kilometern vermutlich niemand würde helfen können. Das höchste aller Gefühle waren Hinterräder mit sieben Gängen, wir waren aber mit zehn Gängen unterwegs und dazu hatten wir eine spezielle Felge mit 40 anstatt der ansonsten üblichen 32 Speichen, sodass wir auch nicht einfach eines dieser Hinterräder einbauen konnten. Letztendlich konnten wir am Nachmittag durch kreativen Missbrauch von Drahtstücken, mithilfe derer wir einfach die gesamte Nabe blockierten, eine Übergangslösung finden, mit der wir es schafften, nach Göreme, das Herz von Kappadokien, zu fahren. Neben der Ungewissheit, wie lange diese Improvisation halten würde, hatten wir nun gar keinen Freilauf mehr und mussten uns immer daran erinnern, bloß nicht aufzuhören zu treten, denn ansonsten würde uns das Schaltwerk abbrechen und vermutlich noch mehr an unserem Tandem zerstören.

Kurz vor dem Erreichen Göremes besichtigten wir noch die größte Felsenfestung Kappadokiens, Uchisar (sprich Utschisar), die gleichzeitig den höchsten Punkt der Region darstellt. Ein 60 Meter hoher Felskoloss wurde durch Menschenhand durchtunnelt und unterhöhlt, und somit eine gewaltige Festung geschaffen, von der aus man fast ganz Kappadokien überblicken kann. Dort suchten wir uns eine schicke Unterkunft mit einem lustigen Rezeptionisten für drei Nächte, um ein wenig Zeit für Wanderungen und die Erkundung der Umgebung zu haben.

10 Kappadokien – eine wundersame Fabellandschaft

Kappadokien und vor allem sein Herz um die Kleinstadt Göreme herum ist wirklich ein außergewöhnliches Fleckchen Erde! Seit etwa 4.000 Jahren vor Christus waren es die Hethiter, die sich in den Felsen gruben, um sich immer wieder vor Feinden zu verstecken. Im Laufe der Jahrhunderte und Jahrtausende übernahmen andere Völker diese Höhlen und bauten sie weiter aus. So entstand in dieser Traumlandschaft voller skurriler Skulpturen ein undurchdringliches Netz aus Höhlen, Festungen und unterirdischen Städten, von denen bis heute nicht alle entdeckt wurden. Besondere Bedeutung hatte diese Region ebenfalls für das frühe Christentum. Die ersten Christen, welche sich einer ständigen Verfolgung ausgesetzt sahen, erweiterten die Höhlen um zahllose unterirdische Kirchen und Klöster. Die uralten Fresken und Steinhauereien, Kreuze und Fischsymbole ließen uns ehrfürchtig durch die uralten Kirchenhöhlen wandern.

Eine Besonderheit Kappadokiens sind Heißluftballonfahrten, die touristisch bestens genutzt werden. Zahllose Reisebusse sind täglich unterwegs, um vor allem asiatische Touristen heranzuschaffen. Fast täglich (abhängig vom Wetter) steigen kurz vor Sonnenaufgang um die 100 Ballons aus den Tälern empor, um den Insassen ein einzigartiges Naturspektakel über dieser Fantasielandschaft zu bieten, während die ersten Sonnenstrahlen die Felsformationen in ein weiches Licht tauchen. Dieses Spektakel ist wirklich wunderbar, kostet aber auch wenigstens 200€, um sich zusammen mit 19 weiteren Asiaten in eine Gondel zu drängen. Wir begnügten uns damit, von einem Aussichtspunkt aus dieses Spektakel zu verfolgen. Selbst von der Erde aus war es sehr beeindruckend. Noch in der Dunkelheit leuchteten plötzlich immer mehr bunte Ballons im Schein der Ballonbrenner auf und vermitteln den Eindruck einer bunten Lampignon-

Radtour durch Göreme.

versammlung in den Tälern, bevor sie emporstiegen und den Himmel in ein farbenfrohes Spektakel verwandeln. Besonders beeindruckend war es, wenn man oben am Rande des Love-Valleys steht und über und unter sich die zahllosen bunten Ballons bestaunt. Der Name Love-Valley erklärt sich, wenn man die Form der zahllosen riesigen Tuffsteinsäulen betrachtet, die ohne allzu viel Fantasie an riesige Penisse erinnern. Kappadokien mit seinem Ballonschauspiel war ein atemberaubendes Spektakel und definitiv ein absolutes Highlight unserer Reise!

Das morgendliche Ballonspektakel gehörte zu den beeindruckendsten Momenten der ganzen Reise.

Trotz unseres defekten Tandems unternahmen wir den Versuch, einmal um das Zentrum Kappadokiens herumzuradeln, um so alle Ecken mit eigenen Augen aus der Nähe zu bestaunen. Gegen Ende der Tour legten wir noch eine Crosseinheit ein und fuhren über Naturwege und sandigen Untergrund durch das „Rosental". Nachdem durch den tiefen Sand kein Weiterkommen mehr möglich war, schlossen wir das Tandem ab und folgten kleinen Wanderwegen immer weiter hinein in diese Skulpturen-Fabelwelt. Durch enge Kamine und über Grate wanderten wir umher und genossen diese surreale Umgebung.

Ebenfalls in besonderer Erinnerung wird uns der Besuch einer der unterirdischen Städte bleiben. Um sich vor Feinden zu schützen, gruben Menschen vor über 2.000 Jahren tiefe Tunnelsysteme und erschufen ganze Städte im Erdboden, in denen 20.000-30.000 Personen bis zu sechs Monate Zuflucht suchten. Wir krochen durch ein recht unscheinbares Loch hinein in dieses Labyrinth und immer tiefer folgten wir den Gängen, während sich zu beiden Seiten Höhlen oder weitere Tunnelsysteme verzweigten.

Tandemtour durch eine Traumwelt mit Violas Sprint gegen den Selbstauslöser.

Zufällig schaute Viola einmal etwas genauer in eine der unbeleuchteten Höhlen hinein und entdeckte in der Decke dieser Höhle eine Öffnung. Meine kindliche Neugierde war nicht zu bremsen und so kletterte ich durch das enge Fenster in die Höhle hinein, stieg durch das Loch in der Decke und befand mich nun in einem komplett nicht erschlossenen Teil dieser Untergrundstadt. Neben verschiedenen Gängen, die in unterschiedlichste Richtungen abzweigten, entdeckte ich auch eine große unterirdische Kirche mit zerfallenem Altarstein. Fast berauscht vor Aufregung und Entdeckerdrang war mir aber auch klar, dass dies eine denkbar ungünstige Stelle für einen Unfall war, in der Endlosen Dunkelheit, und im Falle eines Einsturzes war hier unten abseits der erschlossenen Wege auch wenig Hoffnung auf Rettung. So kehrte ich wieder um und Viola war heilfroh, als ich wieder aus dem Loch in der Decke heruntergeklettert kam.

10.1 Kann es wirklich Zufall sein?

Auf der Suche nach dem besten Aussichtspunkt, um das frühmorgendliche Ballonspektakel zu beobachten, entdeckte ich ein anderes Tandem auf einem Campingplatz und suchte aus Neugierde die Besitzer, denn solange wir unterwegs waren, hatten wir zwar immer wieder andere Radreisende getroffen, ein Reisetandem war uns aber noch nicht begegnet. Es waren Marieke und Guus, ebenfalls ein junges Paar, welches fast zeitgleich mit uns aus Amsterdam losgefahren war, sich jedoch den Schlenker entlang der Mittelmeerküste geschenkt hatte. Und dann entwickelte sich eine wirklich unglaubliche Geschichte.

Wie es sein sollte und der Zufall es wollte, so waren die beiden am Ende ihrer Reise. Allerdings hatte ihre Hinterradfelge den Tandembelastungen nicht standgehalten und es waren viele Speichen ausgerissen. Das Entscheidende aber: ihre Hinterradnabe war intakt, hatte genau 40 Speichenlöcher und der Achsdurchmesser und Abstand entsprach genau dem unsrigen. So hilfsbereit, wie sie waren und man gerne unter Radweltreisenden ist, durften wir ihnen die Nabe abkaufen und nach einer etwa sechsstündigen Umspeichaktion vor unserem Hotel hatten wir wieder ein funktionierendes Hinterrad. Unser Tandem und die weitere Tour waren gerettet!!!

Wir waren uns fast sicher, dass wir durch Zufall die einzige passende Nabe für unsere Felge in der gesamten Türkei gefunden hatten, und selbst in Deutschland war eine für unser Tandem passende Hinterradnabe zu dieser Zeit nicht verfügbar. Der einzige Radladen, der diese über das Internet anbot, hatte die letzte Nabe einfach an jemand anderen verkauft, während wir schon mit ihm in Kontakt waren und ihm unsere Situation bekannt war. Zusammen mit den beiden verbrachten wir noch einen gemütlichen letzten Abend auf ihrem Campingplatz mit traumhafter Aussicht, kochten gemeinsam mit unserem gesammelten Campingequipment und genossen den gemeinsamen Abend, bevor wir uns am Folgetag auf den Weg nach Süden in Richtung Adana machten. Dass dies auch für die beiden ein ganz besonderer Abend sein sollte, erfuhren wir einige Monate später, denn am nächsten Tag sollten die beiden erfahren, dass sie Eltern werden würden und Marieke am Anfang ihrer Schwangerschaft stand.

11 Flucht vor dem Winter – auf nach Zypern

Auf dem Weg nach Süden in Richtung Mittelmeer kamen wir durch Nidge, die Partnerstadt meiner Heimatstadt Melle, die am Rande der anatolischen Hochebene an den Ausläufern des Taurusgebirges liegt. Die erneute Überquerung des Gebirges verlief dieses Mal deutlich weniger spektakulär, dafür sahen wir das erste Mal auf unserer Reise Schnee, der uns anzeigte, wie richtig unsere Entscheidung gewesen war, wieder nach Süden zu fahren, und nach einer sehr langen Abfahrt erreichten wir endlich wieder spürbar wärmere Gegenden. Die Landschaft änderte sich von der dominierenden Steppe hin zu den bekannten weitläufigen Plantagen.

Unser vorläufiges Ziel war Adana, eine Stadt mit zwei Millionen Einwohnern etwa 100 Kilometer von der syrischen Grenze entfernt. Von dem zu dieser Zeit laufenden Einmarsch der Türkei in Syrien spürten wir dort wenig, bis Viola bei einem ihrer Stadtspaziergänge in eine große Militärparade stolperte. Wir quartierten uns für eine Woche im Hotel „Yükselhan" ein, und dank des schwachen Lirakurses war dieser, wie auch die anderen Hotelübernachtungen in der Türkei, recht erschwinglich. Der Grund für diesen Stopp war, dass die „never ending story" bei mir einmal wieder zugeschlagen hatte. Obwohl ich meine Doktorarbeit schon knapp ein halbes Jahr vor Reisebeginn eingereicht hatte, war durch die zeitlupenartige Arbeit des Promotionsbüros während unserer Reise die Ladung zur Verteidigung eingetroffen. In einem engen Zeitraum musste diese persönlich vor Ort stattfinden und so war ich gezwungen, für die etwa 30 Minuten dauernde Veranstaltung ins Uniklinikum in Aachen zu reisen.

Aus verschiedenen Gründen war dies mehr als unangenehm. Nach drei Monaten Radreise befanden wir uns in einem Geisteszustand, der kaum diametral gegensätzlicher zu dem sein konnte, der nun gefordert wurde. Die Vorbereitung auf die wissenschaftliche Verteidigung saß mir seit einigen Wochen im Nacken und nagte an dem Reisegenuss, und zu guter Letzt war so ein Flug das letzte, was ich mit meinem Umweltbewusstsein unternehmen wollte. Es half aber alles nichts, da musste ich und mit mir auch Viola durch, und so verließ ich für vier Tage die Reise um das, was ich manchmal als einen meiner wenigen wirklichen Fehler in meinem Leben bezeichnete, zu Ende zu bringen. Die Zeit nutzte Viola, um an ihrer eigenen „never ending story" zu arbeiten. Vier Tage später stand Viola voller Erwartung mit dem Tandem am Flughafen und nahm mich als frischgebackenen Doktor in den Arm.

Erleichtert, dass wenigsten einer von uns nun erlöst war, stürzten wir uns direkt am nächsten Morgen in die letzte Etappe auf türkischem Boden. Unsere

Motivation war, dass, wenn wir es nicht schaffen würden, an einem Tag bis zum Fährhafen zu fahren, wir die Fähre verpassen würden und zwei weitere Tage auf die nächste Überfahrt warten müssten. Von Adana machten wir uns über Mersin auf den Weg, um den Hafen in Selifke zu erreichen. Die geplanten 165 Kilometer liefen nach der Radpause wie am Schnürchen, auch dank eines ständigen Rückenwindes. Es wäre aber auch zu langweilig gewesen, wenn nicht noch etwas dazwischengekommen wäre. Irgendwann fiel uns auf, dass radumdrehungssynchron ein „Wubbeln" zu spüren war. In der Mittagspause entdeckte ich dann die Ursache. Drei der Speichen am Hinterrad waren gerissen, sodass das Hinterrad eine nette Acht formte, die für das „Wubbeln" verantwortlich war. Also baute ich das Hinterrad aus, schraubte die Scheibe der Scheibenbremse ab, zog das Ritzelpacket ab, tauschte die Speichen und dann alles Retour. Unser Reparaturplatz lag direkt an der Mittelmeerküste und so übte wenigstens das Rauschen der Wellen ein wenig Beruhigung auf uns aus. Dadurch, dass wir eine fremde, gebrauchte Nabe mit fremden Speichen in unsere gebrauchte Felge eingespeicht hatten, waren die einzelnen Komponenten nicht mehr optimal kompatibel und so kam es, dass wir im Laufe der nächsten Wochen regelmäßig Speichenrisse hatten und den Reparaturprozess fast bis zur Perfektion trainieren konnten.

Die Zeit am Fährhafen von Silifke war mit viel Warten und Geduld verbunden und auch als wir gegen Mitternacht endlich auf der Fähre waren, verzögerte sich die Abfahrt noch bis drei Uhr morgens. Zum Glück waren wir was Übernachtungen anbelangte autark, denn wir hatten unsere Luftmatratzen dabei und es störte niemanden, dass wir diese auf dem Schiffsdeck aufbliesen. Dort schliefen wir also, erschöpft von der langen Etappe, und ließen uns den Seewind um die Nasen wehen, bis wir bei Sonnenaufgang mitten auf dem Mittelmeer erwachten. Nordzypern war bereits am Horizont zu sehen. Mit unserer nächtlichen Fährfahrt hatten wir nach zwei Monaten die Türkei, die wir durch wunderbare Menschen und Landschaften lieben gelernt hatten, verlassen und erreichten Nordzypern.

Den Zypernkonflikt versuchten wir zu ignorieren, denn wir wollen unvoreingenommen den Menschen auf unserer Reise begegnen und nicht über politische Probleme stigmatisieren. In Nordzypern angekommen, genossen wir nach dem herbstlichen Kappadokien endlich wieder hochsommerliche Temperaturen. Ziemlich übermüdet planten wir spontan in Girne (türkischer Name)/Kyrenia (zyprischer Name) am historischen Hafen, der mit vielen kleinen Cafés und einer alten Befestigungsanlage ein wunderbares Urlaubsflair verströmte, unsere Route über die Insel und beschlossen, zunächst in Richtung der Akamas Halbinsel nach Westen in Richtung des europäischen Teils zu fahren.

Auf dem Weg dorthin versuchten wir, in Ermangelung von Zeltplätzen in Nordzypern, einen Garten zu finden, wo wir übernachten konnten. Angelockt durch Feigenbäume, die über einen Zaun wuchsen und riesige dunkelviolette Feigen trugen, landeten wir in einem paradiesischen Garten, in dem wir sehr herzlich empfangen wurden. Zufällig war dieser „Eko-Garden" ein lokales Projekt, in dem neben traditionell gekochten Speisen und Frühstück auch ein Volunteer-Programm angeboten wurde. Ganz selbstverständlich wurden wir sofort eingeladen, uns zu der Gruppe aus vier Südkoreanern und der nordzyprischen Leiterin Denize zu gesellen, wurden lecker bekocht und bekamen ein eigenes Zimmer. Auf dem Hof gab es neben freilaufenden Hühnern, Hunden, einer Katze und diversen Obstbäumen auch Kebab, ein kleines Lamm, das von der Mutter verstoßen wurde und seither mit der Flasche aufgezogen wurde. Wir durften uns sofort beim Füttern beteiligen und besonders Viola freute sich über ihre neue Aufgabe als „Ersatzmutter" sehr.

Als wir erfuhren, dass am nächsten Tag die Olivenernte anstünde, beschlossen wir, eine weitere Nacht zu bleiben, um dieses interessante Erlebnis nicht zu verpassen. Natürlich war die Vollverpflegung weiter inklusive! Nach einem lustigen internationalen Abendessen mit ausreichend Wein ernteten wir am folgenden Tag stundenlang Oliven. Für die Olivenernte wer-

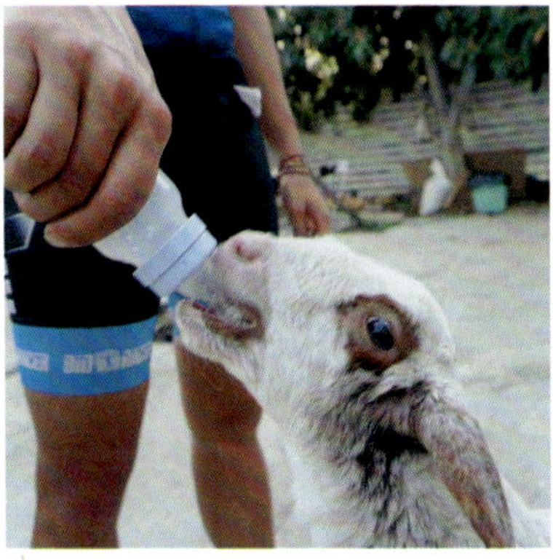

Dürfen wir vorstellen: Kebab.

den unter den Olivenbäumen große Netze ausgelegt, die die herunterfallenden Oliven auffangen, sodass sie leichter in die Transportgefäße umgefüllt werden konnten. Wie aber kommen die Oliven nun von den Bäumen? Dafür erhielten wir und die Freiwilligen eine Art Plastikkamm, mal mit kurzem, mal mit längerem Stil, um an alle Oliven des Baumes zu gelangen. Wir hakten und kämmten also stundenlang die Olivenbäume und erleichterten sie um ihre reifen Früchte. Das Highlight zum Abschied unserer kurzen Zeit im paradiesischen „Eko-Garden" war die Fahrt zur Olivenpresse am darauffolgenden Morgen, wo die selbst gepflückten Oliven zu Olivenöl verarbeitet wurden. Nachdem wir den Prozess der Olivenölproduktion vom Baum bis zum Öl verfolgen konnten, durften wir uns stolz einen eigenen halben Liter Öl als Abschiedsgeschenk direkt aus der Presse abfüllen. Diesen kleinen Schatz hüteten wir gut und genossen das Olivenöl und die schönen daran hängenden Erinnerungen über die nachfolgenden Monate unserer Reise hinweg.

Nach unserem Zwischenstopp bei Denize ging es weiter über die schöne Insel, entlang der Küste, vorbei an militärischen Wachposten. Wir überquerten die „green line", die Grenze zwischen der Republik Zypern, die Teil der EU ist, und Nordzypern, wo bis heute die Soldaten der beiden Konfliktparteien durch UN-Soldaten in der Mitte getrennt werden. Im Laufe der nächsten Tage wollten wir Zypern umrunden, genossen das europäisch-mediterrane Flair und auch wieder mit dem Euro zahlen zu können.

Immer der Küste folgend umrundeten wir Zypern.

In der Nähe der Akamas Halbinsel auf der europäischen Seite Zyperns fanden wir einen nun im Herbst ziemlich verwaisten Campingplatz direkt am Meer, von dem aus wir am nächsten Morgen das Aphrodite-Bad besuchten, wo der griechischen Mythologie nach Aphrodite öfters gebadet haben soll. Danach unternahmen wir eine kleine Wanderung entlang der vielen blauen, malerischen Buchten der Halbinsel, die aufgrund ihrer einzigartigen Natur mit vielen nur hier endemischen Pflanzen als Schutzgebiet ausgewiesen ist.

Wiedersehen mit Elya am Strand.

Noch am selben Nachmittag machten wir uns, nachdem das Zelt wieder eingepackt war, mit dem Tandem auf den Weg und weiter ging es über die vielen Hügel und Berge in Richtung Paphos, der südwestlichsten Stadt auf Zypern. Die Etappe wurde noch zu einer echten Tortur mit dem vollgepackten Tandem, denn es ging über viele Kilometer bergan. Die am Ende folgende Abfahrt war extrem kurvenreich und lang, sodass unser Tandem nahe an seine Bremskapazität gebracht wurde, und die Scheibenbremsen wurden so heiß, dass Viola mit ihren zusätzlichen Bremsen unterstützte.

Mit einem traumhaften Blick auf das unter uns liegende Mittelmeer rauschten wir in der Abenddämmerung bergab und erreichten Paphos, wo wir einen Wildcampingplatz neben einer Hotelanlage direkt am Strand fanden. Wir entzündeten ein Lagerfeuer und warteten auf Elya, eine alte Freundin von mir. Sechs Jahre bevor wir hier ankamen, unternahm ich eine meiner ersten größeren Reisen nach Zypern, um hier ein Studienpraktikum zu absolvieren und damals lernte ich Elya kennen, bei der ich damals einen Monat lang wohnte. Wir verstanden uns von Anfang an perfekt und es entwickelte sich eine tiefe Freundschaft. Nun war es erst das zweite Mal, dass wir uns seitdem wiedersehen würden. Das Wiedersehen war überschwänglich und emotional und zu dritt verbrachten wir schöne Stunden am Lagerfeuer und verabredeten uns für den nächsten Abend in Limassol, wo Elya wohnte und wo wir bei ihr und ihren Eltern unterkommen würden.

Am nächsten Tag ging es weiter über die Küstenstraße durch englische Militärbasen (Zypern war früher einmal englische Kolonie) in Richtung Limassol. Für Außenstehende kaum nachvollziehbar war die Freude, die vor allem Viola empfand, als wir nach über zwei Monaten wieder einen deutschen Supermarkt entdeckten. Das gewohnte Design und das riesige Angebot an bekannten Lebensmitteln sorgte für einen Endorphinausstoß und wir genossen das riesige Angebot an frischem Gemüse und der Selbstbedienungsbacktheke!

Nach dem Highlight des Supermarktes besuchten wir die „Königsgräber". Dies waren Grabanlagen, die in Felsen getrieben wurden, aber im Vergleich mit den riesigen Höhlenanlagen Kappadokiens verblassten. Nach einer Mittagspause an den Ruinen eines Aphroditetempels erreichten wir die Aphrodite-Felsen. Diese mystischen Felsen liegen in der Brandung des Mittelmeeres, und der griechischen Mythologie nach ist dies der Ort, an dem Aphrodite dem Meer entstiegen sein soll. Eine andere Sage erzählt, dass sich Paare, die gemeinsam um den Felsen herumschwimmen, ihrer Liebe sicher sein können. Jetzt darf gerne erraten werden, was wir machten, nachdem wir unsere Radsachen aus und unsere Schwimmsachen angezogen hatten. Danach ging es weiter die bergige Küste entlang bis wir Limassol erreichten, wo wir Elya erneut trafen.

Der nächste Morgen in Limassol zog sich ein wenig in die Länge, da wir nach einem kurzen Treffen mit einem weiteren zyprischen Freund (Stelios) verschiedene Radläden besuchten, um Ersatzspeichen zu finden. Nach unserem Totaldefekt und dem damit verbundenen Nabentausch waren unsere täglichen Radtouren leider permanent von ein bis drei Speichenrissen begleitet und unsere mitgebrachten Ersatzspeichen drohten sich dem Ende zu nähern. Als Radreisende waren wir abhängig von funktionierendem Material, und die Versorgungsstruktur mit für uns passenden Ersatzteilen spätestens ab Indien machte uns große Sorgen. Nachdem wir immerhin nebenbei schon einen Radkarton für unseren anstehenden Flug von der Hauptstadt Nikosia in die Emirate, der drei Tage später stattfinden sollte, organisieren konnten und um 20 überteuerte Speichen reicher und einiges Geld ärmer waren, besuchten wir kurz vor Larnaca, einer weiteren Stadt mit dem größten Flughafen Zyperns, „Zypernbike" am Aldiana Club. Von der Existenz dieses Ortes, der unseren durch tägliche Speichenrisse verunsicherten Radreiseseelen Freude und Hoffnung bringenden Einrichtung, hatten wir von Violas Vater erfahren, der dort selbst schon den Service als Urlauber genossen hatte. Der Radladen wurde von einem deutschen Team geleitet und war für Radsportler und ersatzmaterialsuchende Radreisende wie uns ein echtes Schlaraffenland. Das kleine Grüppchen aus sportbegeisterten Urlaubern und Fahrradexperten war sehr interessiert an unserer Reise und schenkte uns weitere 20 Ersatzspeichen. Von Larnaca, wo wir einmal wieder erst nach Sonnenuntergang eintrafen, brachen wir am nächsten Morgen zu unserer letzten Etappe auf Zypern auf.

Nach unserer Ankunft in Nikosia, der geteilten Hauptstadt beider Teile, war Viola einmal wieder ziemlich erschöpft und suchte sich ein Zimmer in einem Hostel, während ich mit dem Tandem durch die belebte Ledras-Street, das Herz der europäischen Hauptstadt und über die Green Line hinüber in den Nordteil fuhr. Hier war Denize, die neben ihrem „Eko-Garden" auch im Landwirtschaftsministerium Nordzyperns arbeitete, erneut eine große Hilfe, denn sie hatte auch eine eigene Wohnung im nordzyprischen Teil Nikosias (die Stadt ist geteilt in einen nordzyprischen und einen europäischen zyprischen Teil), in der zuerst ich und in der darauffolgenden Nacht auch Viola unterkam. Hier konnten wir auch erstmals das Rad in einem Radkarton verstauen und flugfertig machen. Hierfür brauchte es wie erwartet nicht nur einen, sondern zwei Radkartons, die ich in einem Radladen auf der europäischen Seite abholte, in voller Größe auf das Tandem schnallte und wackelig bei ordentlich Seitenwind über die Grenze balancierte.

Im Rahmen des Verpackens des Tandems machte ich mich nochmals an einen Versuch, das Problem unserer täglich brechenden Speichen zu lösen. Damit die Speichen sich nicht mehr lösen konnten, erhöhte ich die Speichenspannung des gesamten Laufrades und klebte danach zuerst mit Sekundenkleber die Speichennippel in die Felge und anschließend die Speichen in den Speichennippel. Wie sich später herausstellen sollte, war dies die Lösung

Vorbereitungen für den Flug in die Emirate.

für unser Problem und auf der weiteren Tour waren wir ab diesem Augenblick verschont von der täglichen, zeitraubenden Reparaturprozedur.

Nach leckerem Essen mit und bei Denize fuhr sie uns am kommenden Morgen zum Flughafenbus, wobei unser riesiger Radkarton (er war nahezu zwei Meter lang) nicht zusammen mit uns in ihr Auto passte. Also rief sie schnell eine Freundin an, die mit ihrem Auto zu Hilfe kam, und so erreichten wir pünktlich den Busbahnhof. Von dort an gestalteten sich die Fahrt zum Flughafen, die Gepäckaufgabe und alles Weitere überraschend problemlos. Nachdem alles geregelt war, und begeistert von so gastfreundlichen und hilfsbereiten Menschen wie Denize, stiegen wir spät abends in den Flieger nach Sharjah, einem Nachbaremirat von Dubai, und endlich sank unser Stresspegel.

Die Route, die wir hinter uns gebracht hatten, bis wir nach rund 6.000 km im November die arabische Halbinsel erreichten.

12 Die arabische Halbinsel

Unser Start in den nächsten Abschnitt unserer Reise sah so aus: früh morgens um drei Uhr standen wir ziemlich müde mit unserem „Sperrgepäck" am Flughafen in Sharjah. Willkommen in den Emiraten! Viola war eher ein Zombie als eine sich auf die Etappe freuende Radsportlerin und so versuchten wir, ganz im „Nomandenstyle" auf unseren Luftmatratzen in einer ruhigen Ecke des Flughafens vor den Gebetsräumen etwas Schlaf zu finden. Leider ist es im Islam üblich, fünf Mal am Tag zu beten, und das erste Gebet erfolgt etwa eine Stunde vor Sonnenaufgang. Sonnenaufgang war gegen fünf Uhr und so wurden wir von einem netten, aber energischen Flughafenmitarbeiter nach kaum einer Stunde Schlaf von unserem Schlafplatz wieder vertrieben. Viola war total am Ende und hockte sich als Schatten ihrer selbst mit unserem Gepäck in der Wartehalle auf einen der Sitze um zu schlafen, während ich draußen vor dem Flughafen, begleitet vom Gebetsruf des Muezzins (der hier übrigens anders und vor allem so früh morgens mystischer als in der Türkei klang), das Tandem aufbaute. Dies bedurfte in diesem von Regeln durchzogenen Land jedoch einiger Überzeugungskraft. Nachdem ich aber gegenüber dem Sicherheitspersonal argumentiert hatte, dass das Tandem in seinem riesigen Karton in kein Taxi passen würde und wir ja irgendwie das Flughafengelände verlassen müssten, gaben sie nach, da ihnen auch keine bessere Lösung einfiel, und ich konnte das Tandem vollständig zusammenbauen. Kurz nach Sonnenaufgang weckte ich Viola, die dank des Schlafes wieder auf dem Weg war, vom Geist zurück zum Menschen zu mutieren, und gemeinsam brachen wir auf in Richtung Dubai.

Vollbepackt wie gewohnt, kamen wir auf dem Weg durch endlose Villenviertel, die wie mit dem Lineal gezogen, nur aus rechtwinkligen Quadraten bestehend, mitten in der ehemaligen Wüste errichtet worden waren. In Sharjah landeten wir nach Konya zufällig erneut auf Straßen, auf denen ich schon einige Jahre zuvor im Rahmen der „Tour of Sharjah" und dem „United Arabic Emirates-Cup" Radrennen gefahren war, und schöne Erinnerungen kamen hoch. Von Sharjah aus ging es weiter durch den Großstadtverkehr nach Dubai, und da Freitag war, wurden in der Mittagszeit die Moscheen rege besucht. Parkplätze aber waren Mangelware und so wurde einfach auf der Fahrbahn geparkt, gerne auch bis in die dritte Reihe. Ansonsten aber schienen die Emirate vor allem voller Verbote, an die sich auch gehalten wird, und wenig individuellen Menschen zu sein. An allerlei Orten gab es Verbots- und Hinweisschilder mit Toilettenregeln wie „nicht auf die Toilette stellen", „nicht küssen", Frauen sollten Schultern und Knie bedecken, ein Fahrrad gehört nicht in die Nähe eines Parkeinganges etc. Die islamisch-konservative Gesellschaft schien sehr hierarchisch aufgebaut. 85% der Einwohner Dubais sind Ausländer, vor allem Inder, Pakistaner und Ägypter. Diese erfüllen meist „niedere" Aufgaben, bauen die Hochhäuser, putzen, sind Ordnungspersonal oder sammeln Müll. Bei ihnen war ein ausgeprägtes unterwürfiges Verhalten offensichtlich, welches von uns mit unseren modernen Werten nur schwer zu ertragen war. Es schien eine klare Zweiklassengesellschaft zwischen Emiratis und Niedriglohnarbeitern zu geben.

Viola brauchte nach den Reisestrapazen ein Hotelzimmer zum Entspannen und fand dieses am Gold-Souk in der Nähe des historischsten Stadtteils Dubais. Dubai war noch vor 100 Jahren eine recht arme Kleinstadt ohne besondere Bedeutung. Erst im 20. Jahrhundert und bedingt durch das Öl kam es zu diesem sagenhaften Aufstieg, der zu allerlei Absurditäten und Weltrekorden führte. Der Burj Khalifa, mit gut 820 Metern (noch) das höchste Gebäude der Welt, steht hier, mitten in der Wüste, und drum herum liegt die Dubai Mall, die größte Shoppingmall der Welt, die mit einem riesigen Aquarium, einer Eislaufhalle (ja wirklich, in der Wüste), Wasserfällen und einer Wasserfontänenshow lockt.

Meine netten Gastgeber für eine Nacht in der gemeinsamen Unterkunft.

Die tausenden Arbeiter, die unter miesen Bedingungen die Wolkenkratzer erbauen, sind gut abgeschirmt hinter Fassaden, damit die blinkende Welt für den kaufkräftigen Urlauber nicht gestört wird. Diese Wirklichkeit aber wollte ich sehen und verbrachte einen Tag mit einem pakistanischen Busfahrer, der aufgrund der Perspektivlosigkeit in seiner Heimat hierhergekommen war, um seine Familie in Pakistan zu versorgen. Gemeinsam fuhren wir zur Marina und verbrachten einige Stunden mit interessanten Unterhaltungen am Strand, schwammen und beobachteten die vielen Wassersportler und Fallschirmspringer, die hier alle fünf Minuten aus kleinen Flugzeugen über der Bucht absprangen, während hinter uns die Hafenpromenade aus gewaltigen Wolkenkratzern lag und vor uns an dem größten Riesenrad der Welt gearbeitet wurde. Abends übernachtete ich in einer Massenunterkunft mit sieben Ägyptern, die zu wenig verdienten, um sich eine eigene Wohnung trotz Vollzeitarbeit leisten zu können und dennoch sehr hilfsbereit waren. Auf der Suche nach einer einfachen Unterkunft war ich in einem der vielstöckigen älteren Bauwerke gelandet und über einige Zufälle dann bei ihnen gelandet, die mich trotz des Platzmangels sehr herzlich aufnahmen.

In dem heruntergekommenen Gebäude, in dem ich die Nacht in einem kleinen Doppelstockbett mit den netten Ägyptern verbrachte, lernte ich auch Nadja kennen. Sie war in unserem Alter und kam aus Algerien. Auch sie war aufgrund der schlechten wirtschaftlichen Situation in ihrem Heimatland hierhergekommen und suchte nun einen gutbezahlten Job, den sie sich als studierte und sehr gut englischsprechende Frau erhoffte. Sie war interessiert an unserer Reise und ich an ihrer Geschichte. Deshalb besuchten wir am nächsten Tag gemeinsam in der Nähe des „Burj al Arab", dem bekannten segelförmigen Luxushotel, das am Eingang einer der künstlichen Palmeninseln liegt, einen kleineren, traditionell gestalteten Souk. Sie erzählte, dass auch sie, wie zuvor schon Aysel, gegen ihren Willen mit einem älteren Mann verheiratet wurde und bereits Mutter einer kleinen Tochter sei. Das Muster wiederholte sich, sie hatte sich von ihrem Mann getrennt und ihre kleine Tochter lebte bei ihrer Mutter in Algerien, während sie hier nach finanzieller Unabhängigkeit suchte. Wir verstanden uns gut und so diskutierten wir auch intimere Dinge wie Beziehungskonzepte und den Umgang unserer Gesellschaften mit Themen wie Ehe, Sex und Partnerschaft. Es war interessant, die moderne Meinung einer gut ausgebildeten, jungen, muslimischen Frau aus Algerien zu diesen Themen zu erfahren.

Eigentlich hatte Nadja geplant, mir noch den „Miracle Garden" zu zeigen. Da ihr jedoch nicht genügend Zeit vor ihrem Vorstellungsgespräch blieb, machte ich mich alleine auf den Weg, um mir die von ihr empfohlene Attraktion anzusehen. Der „Miracle Garden", der für meinen Geschmack viel zu viel Eintritt kostete (etwa 15€), erreichte eine weitere Stufe auf der Absurditätenskala Dubais. Mitten in der Wüste war hier ein gigantischer, kitschiger Blumengarten angelegt worden, mit Abermillionen von Blüten. Aus Blüten und Pflanzen waren allerlei Fabel- und Disneyfiguren in riesigen Dimensionen erschaffen worden, dazu Märchenschlösser und ein original großer Airbus A380 der Airline Emirates, alles aus Blumen. Künstlicher als dieser Garten konnte eine solche Anlage kaum sein und ich sah bei meinem Besuch fast keinerlei Bienen oder Insekten. Auf Nachfrage erfuhr ich, dass jede Nacht ein Heer von 200 Gärtnern die Anlage bewässert und pflegt, um dieses Spektakel an einem Ort zu ermöglichen, wo normalerweise nichts als Sand zu finden wäre. Ein weiteres Beispiel dafür, wie Kapitalismus die Umwelt zerstören kann, und eine Inkarnation des Gegenteils von Nachhaltigkeit.

Eine nette Abwechslung war unser Wiedersehen mit Michi und Anna, die wir zuletzt in der Türkei getroffen hatten. Anstatt nach Zypern zu fahren, waren sie in den Oman geflogen und von dort nach Dubai gefahren. Hier saßen wir nun wieder zusammen und tauschten die Erlebnisse der letzten Wochen aus. Es war schön, gewohnte Menschen wiederzusehen, die gerade ein dem unseren ähnliches Leben führten. Die beiden flogen am nächsten Tag nach Neuseeland, während wir weiter Richtung Osten fahren würden. Dass wir im Laufe der weiteren Reise nochmals ganz in der Nähe der beiden sein sollten, ahnten wir zu diesem Zeitpunkt noch nicht.

Nach drei Tagen hatten wir genug und brachen wieder mit dem Tandem durch den Stadtverkehr auf, um durch die Wüste in den Oman zu fahren. Dabei kamen wir nochmals mit dem Rad am Burj Khalifa vorbei, und da es vermutlich das Vorstellungsvermögen der Emiratis überstieg, man könne mit einem Rad den Weg über die Schnellstraßen bis dorthin wagen, gab es keine Fahrradverbotsschilder, sodass man uns auch nicht daran hinderte, vor dem höchsten Turm der Welt und der größten Mall

Zum Abschied mit dem Tandem vor der Dubai Mall und dem Burj Khalifa.

der Welt zwischen den Touristen herumzufahren. Als wir den Platz verließen, startete die Fontänenshow passend zu unserem Abschied mit „Time to say goodbye" und eine Gänsehaut überkam uns.

Nach 50 Kilometern im Großstadtverkehr auf teils sechsspurigen Straßen erreichten wir den Stadtrand der hoffnungslos zersiedelten Stadt und dort begann skurriler Weise ein perfekter Radweg, der in die Wüste führte und auf dem wir einige Radsportler trafen, die mit ihren Geländewagen vorfuhren, um ihre High-End-Rennräder in der Wüste auszuführen. Erst bei Dunkelheit erreichten wir eine Radstation in der Wüste und zahlreiche der dort anwesenden Radsportler waren begeistert und fragten uns über unsere Reise aus.

Die Nacht verbrachten wir das erste Mal in der Wüste im Sand, und um einen ungestörten Zeltplatz zu finden, schoben wir unser Tandem mit dem Gepäck mühsam einige hundert Meter durch den Wüstensand, um etwas entfernt vom Radweg unser Zelt aufzubauen. Viola konnte nach einiger Zeit ihre Angst vor Skorpionen und Schlangen zumindest ein wenig ablegen. Dass diese jedoch nicht ganz unbegründet war, zeigte sich auch schon in derselben Nacht, denn ich entdeckte in einer Höhle, die sich nur gut einen Meter neben unserem Zelt befand, einen dicken, schwarzen Skorpion.

Mit dem Tandem durch die Wüste.

12.1 Gastfreundschaft in der Wüste

Insbesondere Violas Hoffnung, endlich Kamele zu sehen, erfüllte sich am nächsten Tag, als wir nach einer anstrengenden Gegenwindetappe durch die Dünenlandschaft Abu Dhabis ein Kamel am Straßenrand entdeckten. Dem Kamel folgend, trafen wir einen Pickupfahrer, der uns zu einer Kamelfarm einlud (korrekterweise waren es Dromedare mit nur einem Höcker). Auf dem Weg über Sandpisten dorthin zweifelten wir schon an der Sinnhaftigkeit dieser Einladung und unserer Entscheidung, dieser zu folgen. In dem losen Sand sanken unsere schmalen Tandemreifen alle paar Meter ein und so mussten wir unser schweres Gefährt weite Strecken durch den Sand schieben und ziehen. Nachdem wir aber an der Farm die erste Kamelherde frei herumlaufen sahen und wir plötzlich inmitten der Herde fuhren, blieben wir und reparierten im Schatten des Farmhauses auf der Spitze einer Sanddüne die nun doch mal wieder gerissenen Speichen.

Eine Stunde später kam der Besitzer des Anwesens mit seiner Tochter Aisha. Beide waren traditionell gekleidet und in schicken neuen Geländewagen unterwegs. Sie erklärten uns, dass sie Kamele für Kamelrennen zum Verkauf züchteten und luden uns ein, auf ihrer Farm zu bleiben, solange wir wollten. Auf unsere Nachfrage hin erklärten sie, dass ein gutes Rennkamel für uns unglaubliche Einnahmen von 250.000 bis 500.00 Euro einbrächte. In ihren schicken, klimatisierten Geländewagen wurden wir umhergefahren und voller Stolz wurden uns das Anwesen und die Ländereien präsentiert. Je nach Alter bestreiten die Kamele unterschiedliche Renndistanzen. So kamen wir auch in das Vergnügen, auf einem Kamel zu reiten, wobei das Aufstehen und Hinlegen des Dromedars eine unerwartet wackelige Angelegenheit darstellte.

Das Reiten auf einem Dromedar war eine deutlich wackeligere Angelegenheit als wir dachten.

Wirklich lustig und auch futuristisch wirkten die Reitroboter. Anstatt einen schweren Menschen tragen zu müssen, rennen Kamele schneller, wenn sie nur von einem kleinen, Gerte schwingenden Roboter auf ihrem Rücken angetrieben werden. Auf uns wirkte es allerdings eher lustig, wie diese kleinen Roboter, in verschiedene bunte Babytrikots gekleidet, auf dem Rücken der Renndromedare saßen.

Akrobatik in den Weiten des Wüstensandes.

Da die Farm für sie nur eine Wochenendbleibe war, hatten wir das ganze Haus für uns, mit eigenem Schlüssel. Sie fuhren uns umher und luden uns in ihre Villa in der nahegelegenen Stadt ein, wo wir die Kinder der Großfamilie kennenlernten und mit allerlei Lebensmittel wie auch eigenen sehr leckeren Datteln versorgt wurden. Unsere Einkaufswünsche wurden in doppelter Anzahl besorgt, für uns bezahlt, und da für den Folgetag Regen angekündigt war, überredeten sie uns, wenigstens noch eine weitere Nacht zu bleiben. So konnten wir uns weiter bewirten lassen, unser Zimmer mitten in der Wüste genießen, auf Kamelen reiten und einfach dieses für uns besondere Flair genießen. Bei einem Spaziergang spürten wir die Weite dieser lebensfeindlichen Landschaft und genossen es, durch den unberührten Sand zu rennen und probierten einige Paarakrobatikübungen aus.

Die kulturellen Unterschiede zu entdecken, war eine spannende Erfahrung. Die Frauen trugen traditionelle Kleider und ein Kopftuch, hatten aber kein Problem damit, dass wir kurze, körperbetonte Radsachen trugen. Dies lag vielleicht auch daran, dass die Großfamilie jedes Jahr ein bis zwei Monate in München verbringt, wenn es im Sommer in der Wüste unerträglich heiß ist. Wie wir von mehreren Seiten hörten, scheint München für wohlhabende Emiratis ein bekanntes Sommerdomizil zu sein, was wir vorher nicht wussten. Wenn allerdings ein arabischer Mann zugegen war, so zogen sie sich das Tuch über den Kopf, sodass nichts von ihrem Gesicht sichtbar war. Ebenso waren alle Fenster und Autoscheiben getönt, sodass von außen nicht erkennbar war, wer dahinter saß.

13 Durchs Wüstensultanat

Nachdem wir uns von der Kamelfarm verabschiedet hatten, führte uns der Weg weiter durch die Wüste in Richtung des Omans. Verrückterweise regnete es auch an diesem Tag und wir wurden an einem der trockensten Flecken der Erde ordentlich nass. Es war ein unwirkliches Gefühl, im Regen durch die Wüste zu radeln. In Al Ain (arabisch „das Auge"), einer Wüstenstadt an der Grenze der Emirate zum Oman, verließen wir, zu Violas Freude nach einem Stopp im „Starbucks Drive-through", welches wir mit unserem Tandem befuhren, Abu Dhabi. Davor wurden wir an zwei Grenzübergängen abgewiesen, denn diese durften nur von Emiratis und Omanis benutzt werden, nicht aber von Ausländern wie uns, die noch ein Einreisevisum benötigten. Als wir endlich am dritten Grenzübergang durchgelassen wurden (dafür mussten wir erst weitere 30km durch die Wüste fahren) und bemerkten, dass keine Einreisekontrolle in den Oman erfolgte und niemand uns einen Einreisestempel geben konnte, denn es gab einfach schlicht keine Grenzkontrolle auf der omanischen Seite, waren wir verunsichert. Dies beunruhigte uns umso mehr, da der Oman das erste Land war, in dem wir ein richtiges Visum benötigten, auch wenn dieses ein „VOA", ein „Visa on arrival", sein sollte.

Nach einiger Sucherei und Herumgefrage entschieden wir uns mit mulmigem Gefühl, einfach loszufahren und die nächsten Polizisten zu fragen, die wir treffen würden, was wir tun sollten. Da es in der Nacht nochmals ordentlich geregnet hatte, waren viele der Wadis (das sind meist leere Flussbetten, die nur im Falle von Regenfällen vorübergehend Wasser führen) über die Ufer getreten und hatten weite Teile der Straße in der Bergwüste überflutet. Dabei hatten die Wassermassen Unmengen an Geröll auf die Fahrbahn gespült, sodass diese teils unpassierbar war. Daher waren einige Bagger und auch die Polizei unterwegs, um die Straße wieder befahrbar zu machen. Die Polizisten waren sehr nett und sagten uns, wir sollten einfach weitere 30 Kilometer der Straße folgen, dann käme eine Grenzkontrollstelle, wo wir Visum und Stempel erhalten würden. Scheinbar war es überflüssig, vorher einen Grenzposten zu betreiben, da wohl niemand auf die Idee käme, vorher die Straße zu verlassen, um sich illegal seinen Weg durch die karge Gebirgswüste zu bahnen, um auf diesem

Im Oman wandelte sich die Umgebung von einer Sandwüste hin zu einer Gebirgswüste.

Wege illegal einzureisen. Seit dem Grenzübertritt hatte sich die zuvor von Dünen dominierte Wüste gewandelt und bestand nun aus schroffen Gebirgszügen, die sich kahl in den Himmel reckten.

Nach einer weiteren Stunde im Sattel trafen wir auf den Grenzposten und erhielten komplikationslos unser Visum und den Einreisestempel. Unsere Anspannung wich einer angenehmen Erleichterung, nun nicht mehr „illegal" im Oman unterwegs zu sein. Wir fuhren weiter durch eine einsame Gebirgslandschaft, die ihren ganz eigenen Reiz hatte. Dazu kamen immer wieder Überflutungsstellen, an denen wir das Tandem teils über die Schotter- und Geröllflächen schieben mussten, die die Fahrt nicht langweilig werden ließen.

Am Abend stand wieder die Schlafplatzsuche an. Unsere Aufmerksamkeit wurde von einer kleinen grünen Oase mit Dattelpalmen erregt, und so bogen wir von der Straße ab und trafen Kalphan. Kalphan war einer von fünf Brüdern und sein Familienclan stellte einen Großteil der Dorfbewohner. Er selbst baute gerade eine pompöse Villa an der Dorfstraße, welche wir kurz zuvor bewundert hatten. Sehr herzlich bot er uns an, in der Oase oder auf dem Grundstück der Villa zu übernachten. Wir wurden zum Abendessen eingeladen und voller Stolz präsentierte man uns die Ländereien und Tiere. Die zahlreichen Kinder der Großfamilie spielten zusammen und wurden natürlich durch unsere Ankunft angelockt.

Viola bei den morgendlichen Schießübungen mit Mohammed.

Da Kalphan noch am Abend weiter nach Maskat, der Hauptstadt des Omans, musste, lud uns sein Bruder Mohammed ein, in seinem Haus zu schlafen. Nach einem traditionellen Abendessen bei Kalphan und einem weiteren in Mohammeds Haus sowie einem sehr herzlichen und lustigen Abend, schliefen wir in dem schicken Wohnzimmer seines Anwesens. Der Morgen startete mit einem typischen Frühstück, welches uns von der Haushälterin aus Bangladesch serviert wurde. Und als besondere Ehre durften wir mit Mohammed in der Wüste schießen. Voller Stolz zeigte er uns sein Können beim Schießen auf Dosen und Bierdeckel und präsentierte seine besten Kleinkaliber-Gewehre, die in Deutschland hergestellt worden waren. Nach dem Ende der Schießübungen marschierte plötzlich unbeeindruckt das erste wilde Kamel an uns vorbei. Nachdem wir uns einige super leckere Datteln aus einem 4-Kilogramm-Sack, welcher uns als Gastgeschenk überreicht wurde, abgefüllt hatten, verließen wir mit frohem Herzen die kleine Oase und fuhren weiter durch das Gebirge und durch die Wüste. Immer wieder entdeckten wir wilde Kamele und erreichten nach einer Nacht im Zelt in der Wüste die kleine Stadt Al Hamra.

Noch am selben Abend machte ich mich allein mit dem Tandem und Zelt auf in Richtung des Wadis Ghul, einem der größten und beeindruckendsten Gebirgstäler des Omans, während Viola nach anstrengenden Radtagen ein wenig Erholung in einem einfachen Hotel suchte.

Abschiedsgruppenfoto mit unserer netten Gastfamilie.

Flankiert von bis zu dreitausend Meter hohen Bergen fraß sich der Canyon tief in den Berg und stellt ein einmaliges Naturschauspiel dar. Mein Ziel war eine der schönsten Wanderungen des Omans, der „Balkony-walk" auf rund 2.000m Höhe. Im Tal des Wadis wurde Ackerbau betrieben und dank zahlreicher Bewässerungskanäle (die „Falaj", sprich Falatsch) gab es grüne Oasen. Mit der ersten Dunkelheit erreichte ich den Fuß eines kleinen Ruinendorfes und baute auf einem kleinen flachen Stück Erde das Zelt unter den Dattelpalmen auf. Ein wenig mulmig war mir schon, als ich so ganz allein direkt an einem der kleinen Wasserkanäle versuchte einzuschlafen, denn immer wieder tauchten in der Nacht Arbeiter auf, die den Flussweg des Wassers änderten, um verschiedenen Feldern das kostbare Nass zukommen zu lassen.

Früh am Morgen ging es dann los. Zu Beginn führte mich der Weg durch das alte Ruinendorf, an dessen Fuße ich übernachtet hatte und welches direkt am Felshang gebaut wurde, um sich so vor Feinden zu schützen. Der Aufstieg hinauf zum Beginn der offiziellen Wanderung führte über karge Felshänge mit scharfem Lavagestein, das durch meine leichten Joggingschuhe schnell Schmerzen an den Füßen verursachte. Als Radreisende hatten wir leider nicht den Platz, um für einen Fall wie diesen noch Wanderschuhe mitzuschleppen. Je höher ich stieg, desto beeindruckender wurden die Ausblicke hinunter in die rund 1.000 Meter tiefer gelegene, steile Schlucht. Gegen Mittag erreichte ich nach knapp 2.000 Höhenmetern Aufstieg das Ziel meiner Wanderung oben über dem Canyon in der Nähe des Gipfels des höchsten Berges des Omans, des „Jabel Shams", des „grünen Berges". Es war ein uraltes Hirtendorf, welches sich in die schroffen Felswände schmiegte und dessen Lebensgrundlage in dieser kargen Gebirgswüstenlandschaft ein kleiner Wasserfall war, der es den Hirten früher ermöglicht hatte, an diesem extremen Ort zu leben.

Auf dem Rückweg lag glücklicherweise ein Parkplatz, der andere Wanderer direkt zum höchsten Punkt dieser Wanderung, dem „Balcony walk" brachte und ihnen so den langen Aufstieg ersparte. Dort wartete ich, bis schließlich ein schweizer Paar von seinem Trailrunningtraining zurückkehrte, und trampte mit ihnen zurück ins Tal, wo zum Glück noch immer das Tandem mit dem Zelt auf mich wartete. Selbst die Abfahrt von dem Berg war über die

Während der faszinierenden Wanderung entlang des Canyons am Jabel Shams.

steilen Schotterpisten und die engen Serpentinen ein Abenteuer. Matteo, der Fahrer, trainierte für einen Ultratraillauf über unvorstellbare 130 Kilometer durch die Gebirgswüste, der in drei Tagen starten sollte. Er hoffte, dieses Martyrium in unter 24 Stunden Laufzeit hinter sich zu bringen, um sich damit für die „Trailrunning-Weltmeisterschaften" in den Alpen zu qualifizieren. Einige Tage später erfuhren wir, dass er als Elfter in knapp 26 Stunden sein Ziel erreicht hatte! Von Al Hamra aus führte uns der Weg entlang einiger alter Forts, die sich allesamt perfekt in das gelb-graue Landschaftsbild einfügten, in Richtung der Hauptstadt Maskat, von wo aus wir unsere Reise nach Indien fortsetzen wollten.

Eine unangenehme Begegnung hatten wir in der ersten der alten Festungsstätten. Interessiert bogen wir von unserem Weg ab, um das sandgelbe Festungsdorf zu erkunden. Als wir uns näherten, begrüßte uns ein älterer Omani strahlend mit „Welcome to Oman". Ohne zu fragen, schnappte er sich unsere Kamera und führte uns durch die Ruinen. An jeder Ecke musste er ein Foto von uns machen. Was uns anfangs nur etwas skurril vorkam, wurde mit der Zeit eine richtige Plage. Hunderte Fotos wollte er mit unserer Kamera von jedem Quadratmeter machen und wir mussten in allen möglichen Positionen für die Bilder posieren. Das eigentlich Unangenehme war aber, dass er mit der Zeit anfing, immer dann, wenn ich gerade noch in einem anderen Raum war, Viola unangenehm zu berühren und sich an sie zu drücken, was so weit ging, dass er ihr, während ich als letzter durch einen Gang kletterte, ungewollt einen Kuss auf die Wange drückte. Sie drückte ihn weg und erzählte mir davon, woraufhin ich immer darauf achtete, Viola bloß nicht mehr aus den Augen zu lassen. Die Situation wurde immer unangenehmer und so drängten wir auf unseren Abschied von diesem unangenehmen Mann und der Festung. Uns war klar, dass er am Ende würde Trinkgeld haben wollen. Doch nach seinem Verhalten waren wir nicht bereit, mehr als einen kleinen Trostbetrag zu geben und so fuhren wir verärgert über seine Dreistigkeit weiter. Noch einige Zeit lang dachten wir an diese äußerst unangenehme Erfahrung und waren wütend, wie sich jemand so respektlos und ekelhaft verhalten konnte. Und ich ärgerte mich, ihn nicht direkt, nachdem Viola mir davon erzählt hatte, mit seinem Verhalten konfrontiert zu haben, um klarzumachen, dass ein solches Verhalten inakzeptabel ist und somit vielleicht zukünftigen Touristinnen geholfen wäre. Sollte sich eine solche Situation noch einmal wiederholen, so würde ich damit deutlich offensiver umgehen!

Unser Zelt bei Nacht in der Wüste.

Auf dem Weg nach Maskat mussten wir das Gebirge durchqueren. Dies wurde uns durch einen starken Wind von vorne erschwert. Auf der Suche nach einem Schlafplatz in der für den Oman recht dicht besiedelten Umgebung klingelten wir einfach an einem der Häuser in einem Dorf, und nach anfänglichen Verständigungsproblemen (der Omani dachte, wir wollten ein Zelt kaufen, als wir ihm pantomimisch fragen wollten, ob wir unser Zelt in seinem Garten aufstellen dürften) lud er uns zu sich in sein palastartiges, omanisches Wohnzimmer ein. Im Oman besitzen die meisten Häuser zwei Wohnzimmer, eines für die Männer und ihren männlichen Besuch und eines für die Frauen und deren weiblichen Besuch. Von diesem kulturell bedingten Umstand

Kontrolle der Hinterradspeichen in der Wüste, mit Baumstumpf als Montageständer.

konnten wir nun ein zweites Mal profitieren, denn draußen stürmte es weiter und die Nacht wurde ziemlich kalt. Für uns gewöhnungsbedürftig war allerdings die Mischung der Innenausstattung. Die traditionellen, schicken, farblich in grün gehaltenen Möbel standen in starkem Kontrast zu den Bluetooth-Lampen, welche in wechselnden Neonfarben erleuchtet wurden.

Am nächsten Tag erreichten wir nach langem Kampf gegen den Wind Maskat, die Hauptstadt des Sultanats, welches sich in den letzten Jahrzehnten dank des Erdöls so schnell entwickelt hatte wie kaum ein anderes Land. Politisch ist der Oman weiterhin eine Erbmonarchie, und dennoch scheinen die Omanis nicht unfair behandelt zu werden, denn der Reichtum wird relativ gleichmäßig über das Land verteilt. Seit 1960, als er in einem unblutigen Putsch seinen Vater, der ein konservativer Hardliner gewesen war, vom Thron gestoßen hatte, herrschte der Sultan Qaboos im Oman. Die beeindruckende Sultan Qaboos-Moschee und den Palast des Sultans sahen wir uns natürlich an. Um dorthin zu gelangen, mussten wir mit unserem Tandem über die Stadtautobahnen fahren, Alternativen dazu gab es keine. Etwa zwei Monate später, als wir uns in Indien befanden, erfuhren wir von dem Tod des Sultans. Da er kinderlos geblieben war, folgte sein gewünschter Nachfolger, sein Cousin, auf den Thron.

Lange hatten wir uns nicht entschieden, wie wir nun genau nach Indien weiterreisen würden. Auch wenn es sehr schwer sein sollte, so wollte ich gerne versuchen, auf einem Containerschiff nach Indien zu reisen, um so einen weiteren Flug zu umgehen. Wir wollten, solange es die Umstände zuließen, ja jeden möglichen Kilometer umweltfreundlich mit dem Rad zurücklegen. Als es nun aber konkret wurde, weigerte sich Viola, mit ihrer ausgeprägten Reiseübelkeit auf ein Schiff zu steigen, welches uns dann etwa eine Woche lang nach Indien bringen würde. Daher blieb am Ende doch nur die vermeintlich einfachere und auf jeden Fall schnellere Möglichkeit übrig, wir würden das zweite Mal fliegen.

Die Beschaffung von Radkartons für den Flug gestaltete sich dieses Mal allerdings ein wenig schwerer. Mit der Zeit lernten wir immer wieder, dass, teils kulturell bedingt, Sachen, die nicht klappen könnten, auch nicht klappen werden. Sei es, weil der Zufall es so will oder aber häufiger, weil Menschen nicht mitdenken oder weil sie es in ihrer fatalistischen Grundeinstellung dem Zufall überlassen, ob etwas klappt oder nicht. So auch dieses Mal. Gut zehn Kilometer von unserer Unterkunft entfernt hatte Viola einen Radladen gefunden und der vorher kontaktierte Inhaber hatte uns zugesagt, dass wir zwei Kartons abholen könnten. Als ich dann aber mit dem Tandem am Laden ankam, hatten sie keine Kartons mehr. Diese wurden nämlich am Vortag schon an andere Radreisenden gegeben, die wir durch Zufall noch kennenlernen sollten. Nach einigem Hin und Her luden die Angestellten dann aber doch noch zwei neue Räder aus und ich machte mich mit der schon bekannten abenteuerlichen Konstruktion aus Tandem, Spanngurten und zwei riesigen Radkartons wieder auf den Rückweg durch die Stadt.

Beim Abschied aus dem Oman waren wir fast ein wenig traurig, denn wir hatten den Oman als Reiseland mit seiner Gastfreundschaft und seiner beeindruckenden Wüsten- und Gebirgslandschaft lieben gelernt und wussten nicht, was uns in Indien bevorstehen würde.

Um unsere Sachen allesamt zum Flughafen zu transportieren, war etwas Kreativität gefragt. So kam es, dass wir mal wieder nachts, da sind die Flüge günstiger, mit dem voll beladenen Tandem und den Radkartons zu einer nahen Bushaltestelle schoben und Viola mit den Kartons in einem Taxi zum Flughafen fuhr, da die Busse nicht kamen. Währenddessen steuerte ich das Tandem mit all dem Gepäck alleine durch die Nacht und erreichte kurze Zeit nach Violas Ankunft auch das Flughafengebäude. Soweit lief alles wie geplant und optimistisch, wie wir immer waren, ahnten wir nicht, dass uns noch eine Horrornacht bevorstand.

Vor dem VIP-Schalter der Departure-Halle erfolgte das inzwischen routinierte Verpacken des Tandems und schon ging es los. Wenigstens dachten wir das. Aufgrund eines Tippfehlers in Violas Visumsantrag für Indien wurde der Abend im Flughafen zu der nervenaufreibendsten Zeit unserer bisherigen Reise. Alles begann damit, dass niemand wusste, wie der Radkarton behandelt werden sollte. Dann fiel der Tippfehler im Visumsantrag auf und uns wurde gesagt, Viola könne das Flugzeug nicht betreten (es war eine O anstelle eines G abgedruckt). Und außerdem seien unsere Visumsbestätigungen nicht korrekt. Wir begannen also, einen Notfallplan zu schmieden. Ich würde mit dem Tandem vorreisen, um nicht auch noch den zweiten Flug verfallen zu lassen und noch mehr Geld auszugeben und Viola würde, sobald sie in der indischen Botschaft den Fehler behoben hätten, nachreisen. Schnell mussten Tascheninhalte aufgeteilt und überlegt werden, wer von uns was dringend brauchte. Ein sehr hilfsbereiter Mitarbeiter der Airline rief schließlich auf unser Drängen und vielleicht auch bewegt durch Violas Tränen im Immigration Office in Mumbai an und nach unendlichen 40 Minuten kam der Rückruf. Viola dürfe reisen, mit dem Risiko, am Flughafen dann doch nicht einreisen zu dürfen und einen Flug nach Deutschland selbst zahlen zu müssen. Wir waren unendlich erleichtert, denn allein in Mumbai oder allein in Maskat, so hatten wir uns die kommende Woche nicht vorgestellt. Durch die Verzögerung war es kurz vor Ende der Check-in-Zeit und in Hektik kümmerten wir uns nun wieder um das Tandem.

Kurz bevor all die Probleme aufgetreten waren, lernten wir am Flughafen Matthis und Matthis, zwei deutsche Radreisende kennen (und mit ihnen auch die eigentlich für uns reservierten Radkartons). Sie hätten eigentlich am Morgen nach Indien fliegen wollen. Am Flughafen wurde aber festgestellt, dass ihre Visumsanträge nicht korrekt seien (kam uns bekannt vor) und sie hatten nicht das Glück, das wir hatten, und so wurden sie nicht in das Flugzeug gelassen. Kurzerhand berieten sie, was sie nun tun sollten und buchten für den Abend neue Flüge, diesmal nach Bangkok, denn dorthin flog nun einmal am Abend ein Flugzeug und für Thailand war kein Visum notwendig. Als wir endlich das Gate erreichten, trafen wir Matthis 1, der sehr besorgt war, da die Grenzbeamten bei der Passkontrolle Matthis 2 mitgenommen hatten und behaupteten, er sei nicht die Person auf dem Foto seines Reisepasses. Zusammen mit ihm warteten und bangten wir am Gate, was gerade mit ihm geschehen würde. In der letzten Minute vor Boardingschluss tauchte Matthis 2 mit einigen Grenzbeamten auf und die beiden konnten zusammen mit uns das Flugzeug noch als die letzten Passagiere betreten. Voller Adrenalin und am Ende unserer Kräfte bestiegen wir um zwei Uhr morgens das Flugzeug nach Mumbai.

14 Ankunft in Indien

Was ein wirklicher Kulturschock ist, erfuhren wir erstmals, als wir über Nacht, von der aufgeräumten arabischen Halbinsel kommend, in Mumbai den Flughafen verließen. Aber davor musste noch das Ende unserer Horrornacht durchstanden werden, bis Viola das Land betreten durfte. Während ich bange hinter der Einreisekontrolle wartete, ob Viola, die aufgrund ihres vertauschten Buchstabens im Visumantrag mit einigen Grenzbeamten in einer Kammer verschwunden war, einreisen durfte, merkte ich zufällig im letzten Augenblick noch, dass in meinem Pass der Einreisestempel fehlte. Der Grenzbeamte hatte diesen nach dem Visumsstempel einfach vergessen. Hätte ich dies nicht bemerkt, so hätte es später bei der Ausreise große Probleme gegeben und vermutlich wäre mir die Ausreise verweigert worden. Das war noch einmal gutgegangen, nun fehlte nur noch Viola. Ich war heilfroh, als sie nach einer gefühlten Ewigkeit mit Visumsstempel in ihrem Pass strahlend auf mich zugelaufen kam. Übermüdet aber unendlich froh, dass wir und auch unser Tandem den Flug heile überstanden hatten, bauten wir in der Empfangshalle des Flughafens in gewohnter Manier unser Tandem zusammen und machten uns auf in das Verkehrschaos Mumbais.

Alles war anders als in allen zuvor von uns bereisten Ländern. Neben dem Linksverkehr mussten wir uns an das omnipräsente Hupen der Rikschas und Motorroller sowie die schiere Masse an chaotisch durcheinander fahrenden Gefährten gewöhnen. Zum Glück vertraute Viola meinen Steuerkünsten inzwischen fast blind und ich wiederum hatte einige Monate Zeit gehabt, mich an stressigen Verkehr und die Fahreigenschaften unseres Reiseschiffes zu gewöhnen, denn beides war nun dringend gefordert. Schon nach wenigen Kilometern im Verkehrstrubel durchquerten wir Darawi, einen der größten Slums Asiens, in dem schätzungsweise über eine Millionen Menschen zwischen Abwasser und Müll auf engstem Raum hausen. Wohnraum ist in der überbevölkerten Stadt Mumbai, die durch die Küstenlinie einer Art Halbinsel begrenzt ist, knapp und für die meisten Menschen unbezahlbar geworden, sodass selbst ausgebildete, berufstätige Menschen in den Slums Unterschlupf finden. Die allgegenwärtige, offensichtliche Armut, der Müll, der Gestank, die Luftverschmutzung und dazu das schwülheiße Klima ließen Mumbai in einem schlechten Licht erscheinen, besonders nach einer schlaflosen Nacht wie der unsrigen.

Kühe sind allgegenwärtig in Indien und wir gewöhnten uns schnell an die neuen Verkehrsteilnehmer, die eigentlich immer Vorfahrt haben.

Das zuvor von Viola herausgesuchte Hostel versprach uns Erholung und Abstand, um all die neuen Eindrücke verarbeiten zu können. Doch auch wenn wir schon einiges von unserer Reise gewohnt waren, so war dieses Hostel dreckig, und besonders mit unserer medizinischen Vorbildung bezüglich Hygiene konnten wir kaum entspannen. Direkt neben einem der allgegenwärtigen Slums lag es mitten im Treiben der größten Stadt Indiens. Das Straßenbild wurde eindeutig von Armut und Elend dominiert und die glamouröse Seite Bollywoods und der Superreichen erschließt sich dem Besucher nicht auf den ersten Blick. Und noch weniger konnten wir nachvollziehen, wie es möglich war, dass in dem Land mit den meisten Millionären der Welt gleichzeitig viele viele Millionen Menschen bitterarm sind. Es fiel uns schwer, zu akzeptieren, unter welchen Umständen die Menschen hier lebten und wie es zu so einer Ungleichverteilung von Wohlstand kommen konnte. Natürlich sahen wir uns auch die touristischen Highlights an, auch wenn diese im ganzen Elend und den unendlich vielen neuen Eindrücken auf den Straßen verblassten.

Neben dem Haus, in welchem Mahatma Gandhi die meiste Zeit seiner politischen Tätigkeit wohnte, sahen wir das „Gateway of India" und die „Elephanta-Insel" mit ihrem hinduistischen Höhlentempel vor der Küste der Stadt an. Dafür quetschten wir uns zusammen mit zwei Dutzend Indern auf ein kleines Holzboot und wurden schwankend herüber zu Insel gebracht, ganz zur Freude Violas, die einmal wieder unter ihrer Reiseübelkeit litt. Die Insel war zwar wie alle anderen Bereiche Mumbais total vermüllt, aber wenigstens fehlte das omnipräsente Hupen, da es auf der kleinen bergigen Insel keine Fahrzeuge gab. Die dort lebenden Affen hatten sich allerdings perfekt an die täglichen Zuschauermassen angepasst und attackierten dreist jeden Besucher, der etwas Essbares zum Vorschein brachte. Für uns war diese Insel dennoch eine Wohltat für unsere Seelen, denn nicht weit abseits der Hauptpfade waren wir schnell allein unterwegs und genossen die Stille. Der Schritt aus der endlosen, ruhigen Wüste des Omans heraus in diese Megastadt musste erst einmal verdaut werden.

Mumbai war eine wirkliche Probe für uns. Das erste Mal in Indien mussten wir uns an die komplett neuen Umstände erst gewöhnen. Supermärkte wie wir sie kannten existierten nicht. Auf der Suche nach für uns genießbaren Lebensmitteln machten wir uns auf, um eine acht Kilometer entfernte Shoppingmall mit Supermarkt zu besuchen. Auf dem Weg dorthin durch das trubelige bunte Treiben fielen uns immer wieder Besonderheiten Indiens auf, die in den kommenden Wochen zu unserem Alltag werden sollten. Menschen lagen überall, um zu schlafen. Sei es auf dem Bürgersteig, neben der Fahrbahn, auf dem Dach ihres Autos oder aber auf dem Grünstreifen, der zwei Fahrbahnen teilte. Dazu sahen wir Ratten am helllichten Tag, wie sie zwischen den Häusern und in den Straßen umherliefen.

Am Meer angekommen, dachten wir, wir sähen einen bunten Steinstrand vor uns, der sich jedoch beim Näherkommen als riesige Müllhalde entpuppte. Viele Straßen waren so voll, dass es vorkam, dass wir als Fußgänger mehrere Minuten im Stau auf einer Stelle standen, an ein Weiterkommen war nicht zu denken. Im indischen Verkehr, Fußgänger miteingeschlossen, wird jeder freier Meter und jede kleinste Lücke genutzt, um auch diese noch zu verstopfen, aber dafür einen Meter weiter voranzukommen. Und scheinbar scheinen alle daran

Das Gateway of India, Mumbais Wahrzeichen.

zu glauben, dass es schneller voranginge, wenn man nur durchgängig seine Hupe betätige. Durch diese unüberlegte Verhaltensweise kommt es zu skurrilen Situationen und an Stellen, wo es nicht nötig wäre, entstehen Staus.

Durch diese heillos überforderte Verkehrsinfrastruktur hat sich ein interessanter und allgegenwärtiger Berufszweig entwickelt, der immerhin fast ohne weitere Umweltverschmutzung auskommt. Da mit Autos oder gar LKWs sowieso kein Durchkommen in diesem Chaos wäre, hat sich der Warentransport dieser Megastadt vor allem auf Holzkarren verlagert. Tausende dieser zweirädrigen Gefährte werden zu jeder Tages- und Nachtzeit durch die Gassen gezogen, um die Verteilung von Lebensmitteln über Wohnungseinrichtungsgegenstände bis hin zu Baumaterialien wie Steinen und Baustahl zu bewerkstelligen.

Zwar gewöhnten wir uns ein wenig an die Umstände und hatten auch schöne Augenblicke in dieser Stadt, aber insgesamt waren wir froh, diesen Moloch nach fünf Tagen endlich zu verlassen. Ausgestattet mit Abstandskelle, Warnweste und Atemschutzmasken wagten wir den Ritt durch 60 Kilometer Verkehrschaos und immerwährendes Hupkonzert. Auf dem Weg heraus aus der Stadt suchten wir noch einen Radladen auf. Dieser war unsere letzte Hoffnung, in Indien noch ein neues Tretlager zu finden, da eines unserer beiden Lager von uns bereits getauscht worden war und nun auch das zweite anfing, langsam Spiel zu entwickeln. Über mehrere Tage hinweg hatten wir immer wieder in verschiedenen „Radläden" nach einem passenden Tretlager gesucht, aber sogar Decathlon war nicht mit solchen in Europa als Standard anzusehenden Teilen ausgestattet. Bei diesem Radladen wurden wir schlussendlich nach einigem Hin- und Her doch noch fündig und waren froh, vor unserer lan-

Die Atemschutzmasken schenkten uns vermutlich einige Lebensmonate als wir Mumbai verließen.

gen Reise durch Indien dieses Ersatzteil gefunden zu haben. Ziemlich erschöpft erreichten wir nach etwa fünf Stunden Fahrzeit den Stadtrand Bombays und kurz darauf ein kleines Hotel, wo wir froh darüber, diese Stadt unfallfrei hinter uns gelassen zu haben, anfingen, die Eindrücke des Tages verarbeiteten. Unsere Atemschutzfilter hatten sich nach nur einem Tag dunkel verfärbt und unsere Haut war braun eingestaubt vom Straßendreck und den Abgasen.

Als wir in Indien ankamen, hatten wir noch keinen Plan, welchen Weg wir durch das riesige Land nehmen würden. Als wir Mumbai verlassen wollten, war aber die Zeit gekommen, eine Entscheidung zu treffen. Mithilfe einer Karte der Top-Sehenswürdigkeiten und in dem Bewusstsein, nach Kalkutta ganz im Osten Indiens zu müssen, um von dort nach Bangladesch weiterreisen zu können, begannen wir, unsere Route zu planen. Den Ausschlag gab am Ende vor allem, dass wir von einem Projekt in Bhopal gehört hatten, welches wir uns gerne ansehen wollten, und dazu war uns Bhopal als Ort des vielleicht schwersten Chemieunglückes der Geschichte bekannt. So entstand der Plan, von Mumbai über die Felsentempel von Ellora und Ajanta nach Bhopal zu reisen. Von dort aus sollte es über Khajuraho mit seinen ebenfalls faszinierenden Tempelanlagen nach Varanasi, der heiligen Stadt der Hindus und dem nördlichsten Punkt unserer Strecke in Indien nach Kalkutta gehen. So kam es, dass wir nach Nordosten fuhren, anstatt, wie ehemals angedacht, direkt auf dem kürzesten Weg nach Osten.

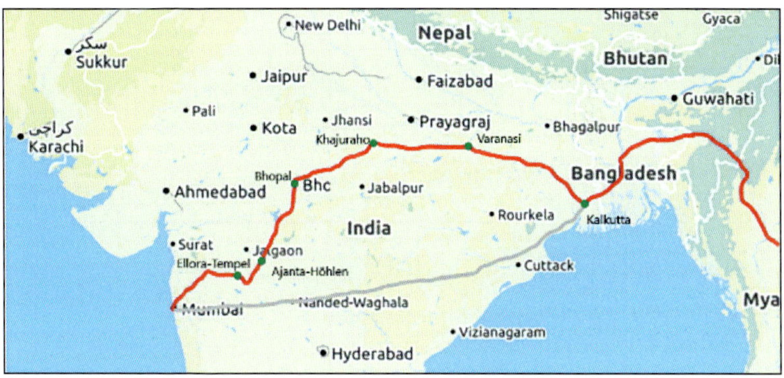

So sah unsere frisch geplante Route über knapp 3.000 km durch Indien Anfang Dezember aus.

15 Indien hautnah

Je weiter wir uns von Mumbai entfernten, umso lichter wurde der Verkehr und desto besser wurde die Luft. Damit unsere Reise aber nicht allzu komfortabel werden würde, erhöhte sich im Gegenzug die Schlaglochdichte, und das Interesse der Inder an radreisenden Touristen aus dem Westen, noch dazu auf einem Tandem, stieg ins Unermessliche. Es vergingen keine fünf Minuten mehr, in denen nicht ein Motorroller oder ein Auto neben uns fuhr, eine Konversation auf Hindi startete und Selfies oder Videos von uns gemacht wurden. Die ersten Selfies waren nett und es war schön, dass die Inder an uns als Reisende interessiert waren und den Austausch suchten. Viel zu eigenbrötlerisch erschien uns da die deutsche Kultur, in der nur selten Interesse an uns als Radreisenden gezeigt wurde.

Nach dem fünfzigsten oder hundertsten Selfie-Wunsch, am besten mit Selfie-Pause am Straßenrand, fing diese Neugierde allerdings an, unsere Geduld zu strapazieren. Wir versuchten, uns immer wieder zu sagen, dass die Menschen uns Radreisende sowie ein Tandem vermutlich das erste Mal in ihrem Leben sahen und versuchten, mit viel Geduld möglichst nett zu sein und zu lächeln, damit die Selfies auch gut gelangen. Die Smalltalks beinhalteten in der Regel die gleichen Fragen: „Where are you?", „Where you go?", „Selfie??" und auch aus der Ferne hörten wir immer wieder „Cycle, cycle!!! Double cycle!". Manche Paparazzi brachten sich und uns durch riskante Fahrmanöver oder durch 3-spuriges „Anstehen" für das beste Selfie mit Blockieren der Fahrbahn in Gefahr. Auch bei kurzen Stopps bildeten sich in der Regel binnen weniger Sekunden große Menschentrauben um unser Rad und alles wurde neugierig begrabscht. So wurden selbst Pipi-Pausen für Viola zu einem herausfordernden und nervenraubenden Versteckspiel.

Im Kopf wird uns auch immer ein Inder bleiben, der uns mit einem Freund „Cycle, Cycle"- singend morgens auf dem Hotelflur auflauerte und ganz ungehemmt in unser Hotelzimmer eindrang, während ich dabei war, mich anzuziehen. Mit der Zeit überlegten wir, ob zwei Schilder an unserem Tandem vielleicht etwas Ruhe bringen würden: eines mit „No Selfies" und ein zweites mit „No touch". Soweit kam es aber nicht, denn wir hielten uns immer wieder vor Augen, dass wir hier Gäste in ihrem Land waren und wir jedem Inder das erste Mal begegneten und sie unsere Geduld nur aus Neugierde und nicht aus schlechter Absicht heraus strapazierten.

Ein erster richtiger Lichtblick neben der immer grüner werdenden Landschaft war für uns, als wir kurz vor Etappenende unserer zweiten Etappe in Indien den ersten Rennradfahrer erblickten. Wir hielten an und sprachen Vandesh an, der sehr interessiert an unserer Reise war und uns für den nächsten Morgen einlud, in seinem Haus gemeinsam zu frühstücken. Als wir am nächsten Morgen die „Dream City", eine kleine „Gated Community", in der Vandesh wohnte, erreichten, hatten wir das erste Mal Kontakt mit der indischen gehobeneren Mittelschicht. Vandesh war Schiffsbauingenieur, und in einer nahezu europäisch anmutenden Wohnung wurden wir herzlich empfangen und von seiner Frau mit einem traditionellen indischen Frühstück verwöhnt. Nach netten Gesprächen begleitete er uns aus seiner Stadt (Nashik) heraus und wir fuhren weiter Richtung Norden. Nach einem langen Tag, den wir vor allem im Schritttempo von einem Schlagloch ins nächste hüpfend verbrachten, erreichten wir abends das Dorf Ellora, wo wir eine unserer prägendsten Bekanntschaften unserer Reise machen sollten.

Selbst in kleinsten abgelegenen Ortschaften mitten in den unendlichen ländlichen Weiten Indiens fanden wir die für uns essenziellen Dinge vor. Wasserflaschen konnten wir zuverlässig spätestens alle ein bis zwei Stunden entlang der Straße kaufen, auch wenn wir darauf achten mussten, keine wiederbefüllten Flaschen untergejubelt zu bekommen. Einige Male waren wir achtsam genug und sahen, dass der kleine Plastikring nicht mehr mit dem Deckel verbunden war oder dass die Flasche einfach zu zerknittert erschien, um neu zu sein. Ein weiteres gutes Indiz für durchfallsicheres Wasser war der Preis. Über fast ganz Indien galten dieselben Preise für Einliterflaschen (20 Rupies, entspricht 25 Cent) und Zweiliterflaschen (30 Rupies). Wann immer möglich kauften wir Zweiliterflaschen, um den Plastikmüll wenigsten ein Bisschen zu reduzieren. Was mit dem Plastikmüll geschieht, wenn er nicht wie meist üblich einfach zur Dekoration der Landschaft verwendet wird, sollten wir in den kommenden Wochen weiter im kälteren Norden mit mehreren Sinnen erfahren.

Meist übernahm Viola die Einkäufe während ich am Tandem wartete.

Entlang der Straßen fanden wir zudem regelmäßig kleine Marktstände. Diese bestanden in der Regel aus einer auf dem Boden sitzenden Person, die ihr selbst angebautes Gemüse und Obst in Haufen um sich geschüttet hatte und mithilfe einer Waage die zu verkaufende Menge bestimmte. Diese Waagen waren so simpel wie auch funktional und nahezu unzerstörbar. Wie bei uns nur noch aus Museen bekannt, bestanden diese aus einem Haken, an dem die Waage hochgehoben wurde, und an den Enden der darunter befindlichen Querstrebe hingen zwei Waagteller an dünnen Eisenketten. Wenn nun eineinhalb Kilo Äpfel verkauft werden sollten, so wurde auf die eine Waagschale ein ein Kilo und ein ein halbes Kilo wiegendes Gewicht oder aber ein Stein mit dem selben Gewicht und entsprechender Bemalung aufgelegt und die gegenüberliegende Waagschale so lange mit Äpfeln befüllt, bis sich die Waagschalen in einem Gleichgewicht eingependelt hatte. Genauso simpel wie funktional und zuverlässig!

Schnell schliff sich unser täglicher Routineeinkauf ein. Dieser bestand aus Bananen, die hier regional angebaut sehr billig waren. Dazu kam Papayas, Karotten und hin und wieder Guaven. Und natürlich, was fehlte? Gurken für Violas Gurkensucht. Wir hatten uns für diese Lebensmittel entschieden denn Bananen ließen sich super schälen und waren damit hygienisch einwandfrei. Das andere Gemüse wurde von uns mit Seife gewaschen, abgetrocknet und dann anschließend mit einem neu erstandenen Sparschäler geschält.

Viola beim Einkauf auf einem der Märkte.

Neben diesem fabelhaften Angebot an frischen Lebensmitteln half uns außerdem, dass wir abends in günstigen Hotelzimmern unterkamen und nicht mehr im Zelt schliefen. Wir hatten von verschiedenen Seiten gehört, dass Wildcampen in Indien gefährlich sei und einige gruselige Geschichten über Radreisende und deren Zwischenfälle beim Wildcampen in Indien kursierten. Daher hatten wir uns von Anfang an entschieden, in Indien nur im Notfall im Zelt zu übernachten.

Dadurch, dass die Hotels mit etwa zehn Euro für ein Doppelzimmer pro Nacht recht günstig waren, genossen wir diesen „Luxus". Es war eine Wohltat, nach einem langen Tag im Sattel mit dem ubiquitären Dreck, Gehupe und all den neuen Eindrücken Ruhe in seinem Zimmer zu finden. Ebenso tat es gut, sich abends die Drecks- und Staubschicht vom verschwitzten Körper zu waschen. Dabei wiederholten sich in fast jeder unserer Unterkunft ein paar Dinge. Wir konnten uns sicher sein, dass es kein Toilettenpapier geben würde, denn in Indien wird sich mit der linken Hand und mit Hilfe eines kleinen Eimers oder einer „Pobrause" der Hintern gesäubert. Ebenfalls hatten wir mit etwas Glück ein Handtuch, ein zweites gab es erst auf Nachfrage. Drittens war das Wasser regelhaft kalt, manchmal konnte auf Nachfrage der Warmwasserboiler angestellt werden. Und je weiter wir im Dezember nach Norden kamen und es kälter wurde, desto häufiger stellten wir uns dem Kampf um kochendes Wasser für einen Tee.

Die meisten „Hotels" hatten ein kleines Restaurant im Erdgeschoss und so versuchten wir teils über das Zimmertelefon, teils persönlich, heißes Teewasser zu organisieren. Besonders Viola führte diesen Kampf leidenschaftlich. Eigentlich lief es immer gleich ab. Wir bestellten „hot water for tea". Die Antwort darauf war: „You want tea mam?" „No, hot water for tea, not tea." „Ok mam, one or two tea?" „No, not tea! We want one liter of hot boiled water." „Ok mam, one bottle of water?" „No, one liter hot boiled water for making our own tea. Hundred degrees, coocked." „Ok, one liter hot water." Etwa zehn Minuten später stand dann jemand mit einer Kanne lauwarmen Wassers vor unserer Tür. Mit der Zeit wurden wir immer kreativer und zeigten pantomimisch, wie wir uns an der heißen Kanne mit dem kochenden Wasser die Finger verbrannten oder machten das Geräusch von kochendem sprudelndem Wasser nach. Irgendwann hatten wir es dann meist geschafft, selbst ziemlich geschafft, noch wirklich heißes Wasser zu bekommen.

Unübersehbare Begeisterung beim Anblick ihres Lieblingstieres, einer toten hochgiftigen Kettenviper.

Einen kleineren Schrecken erfuhr Viola, als sie ein weiteres Mal einem ihrer Lieblingstiere begegnete. Hinten sitzend, erspähte sie neben uns auf der Straße eine große Schlange. Wir drehten und begutachteten aus sicherer Entfernung das Tier. Erleichtert und traurig zugleich stellten wir fest, dass ihr Kopf überfahren worden war. Die Schlange wies ein schönes und auffälliges Muster auf und war ziemlich stattlich. Abends recherchierten wir, um welche Schlange es sich gehandelt hatte. Wir waren der gefährlichsten Schlange Indiens, die für die meisten Todesfälle durch Giftschlangen verantwortlich ist, begegnet, einer Kettenviper.

Neben neuen kulturellen Erfahrungen auf zwischenmenschlicher Ebene genossen wir trotz der beschriebenen, kräfteraubenden Umstände Indiens das kulinarische Angebot jeden Tag. Für uns war das indische Essen das leckerste und vielleicht auch gesündeste aller bislang durchradelten Länder. Auch an die allgegenwärtige Schärfe gewöhnten wir uns nach ein paar Anlaufschwierigkeiten, nachdem ich erfahren durfte, dass es keine gute Idee ist nach einem sehr scharfen und fettigen indischen Essen am Abend auch noch eine Packung Erdnüsse hinterherzuschieben. Das Ende der Geschichte darf sich jeder mit seiner Fantasie ausmalen. Glücklicherweise machten wir wenigstens über ei-

In Indien gehen auch Kühe gerne einkaufen.

nen langen Zeitraum entgegen unserer Befürchtungen keinerlei Bekanntschaft mit mangelnder Essenshygiene und den daraus folgenden Konsequenzen.

Nach unserer Einreise nach Indien lernten wir schnell, dass es sich bei diesem riesigen und vielfältigen Land eher um eine Staatengemeinschaft handelte, kulturell vielleicht ähnlich der EU, und nicht um ein einheitliches Land. Die kulturelle Vielfalt dieses Landes erschien fast unerschöpflich. Jeder der 25 Bundesstaaten hat eine oder mehrere eigenständige Kulturen, Bräuche, eine eigene Sprache und sehr vielfältige Landschaften und Klimata.

Wir radelten weiter durch das ländliche Indien, gewöhnten uns an den Verkehr, die allgegenwärtigen Kühe auf den Straßen und an allen erdenklichen Orten und sahen weitläufige Reis-, Weizen-, Zuckerrohr-, Soja- und Bananenplantagen. Dazu kam eine unendliche Anzahl an Hunden, Ziegen, Hühnern, Wasserbüffeln und in einigen bewaldeten Regionen auch Affenhorden. Viele der Menschen in den Dörfern lebten in Subsistenzwirtschaft und ernährten sich von dem, was sie selbst anbauten. Eine typische Arbeit, die wir häufig sahen, war das Wäschewaschen in den dreckigen Flüssen, Zuckerrohrtransport auf Ochsenkarren oder aber auch das Hüten der eigenen kleinen Ziegen- oder Kuhherde. Als wir den Bundesstaat Maharashtra verließen, dessen Hauptstadt Mumbai ist, und nach Madhya Pradesh mit seiner Hauptstadt Bhopal kamen, wandelte sich das Bild deutlich. Hier konnte man die endlosen Schlaglochpisten zu Recht wieder Straße nennen, und die Landwirtschaft wurde hier im Winter von Reis- und Weizenanbau dominiert. Die Temperaturen waren inzwischen alles andere als sommerlich und wir waren meist in langer Radkleidung unterwegs, was auch günstig war, um nicht von Moskitos gestochen zu werden, denn wir hatten Sorge vor Malaria und Dengue.

Eine typische indische Straße mit/aus Schlaglöchern und Straßenhundewelpen.

16 Eine ganz besondere Begegnung

Nach einer schlaglochdominierten Etappe, die nur durch ein kurzes Bad in einem riesigen Berg von frisch geernteter Baumwolle etwas Abwechslung fand, erreichten wir kurz vor Sonnenuntergang Ellora, ein Dorf, das für seine Felsentempel bekannt ist, die zum UNESCO-Weltkulturerbe gehören. Auf der Suche nach einem vertrauenswürdigen Restaurant für unser Abendessen trafen wir zwei junge Inder, Radhika und Pratap. Sie halfen uns bei einigen Verständigungsschwierigkeiten im Restaurant, denn obwohl Englisch offizielle Amtssprache in Indien ist, sprechen die meisten Inder kein Englisch. Gemeinsame Sprache aller Inder ist Hindi, das die meisten in der Schule lernen und recht gut beherrschen. Eine kleine Anekdote am Rande: Die Inhaberin des Restaurants, die an der Kasse saß, vertrieb sich die Zeit mit Zahnpflegemaßnahmen. Dazu nahm sie die alten, angegrauten Geldscheine aus der Kasse und nutzte sie als Zahnseide, um so ihre Zahnzwischenräume zu reinigen.

Radhika und Pratap waren begeistert von unserer Reise, davon, dass wir den weiten Weg bis zu ihnen (es waren bis hierher über 7.000 Kilometer) mit dem Fahrrad zurückgelegt hatten, und dazu waren wir die ersten Europäer, die sie im realen Leben und nicht nur im Fernsehen oder Internet sahen. Glücklich über diese für uns alle bereichernde Begegnung verabredeten wir uns mit Radhika für den kommenden Morgen, um gemeinsam die Ellora-Höhlen anzusehen.

Ein faszinierender Tag ohne Tandem.

Bereits vor 2.000 Jahren begannen buddhistische Mönche, aus den Felsen Tempelanlagen zu erschaffen. Später wurden diese um hinduistische und jainistische Tempel ergänzt, bis die Tempel vor über 1.000 Jahren langsam in Vergessenheit gerieten. Insbesondere der hinduistische „Kailash"-Haupttempel ließ uns staunen und wir spürten die Macht der Geschichte, ihrer vergangenen Völker, und wie vielfältig die Welt ist. Diese magische Atmosphäre ließ uns erkennen, dass wir nur einen limitierten Blick auf alles haben können und niemals alle Geheimnisse der Menschheit erfassen werden.

Unterwegs mit Radhika, unserer neuen Freundin.

Aus massivem Felsen wurde über eine Zeitspanne von etwa 200 Jahren eine unvergleichliche Tempelanlage gemeißelt, die durch ihre gigantischen Ausmaße, ihre perfekte Geometrie und die zahllosen Tier- und Götterskulpturen verzaubert. Hinzu kam, dass wir von Radhika einen ganz besonderen und persönlichen Zugang zu dieser faszinierenden Kultstätte erhielten. Dank Radhika, die als Brahmanin der religiösen und damit höchsten Kaste Indiens angehört und dadurch viel Wissen über ihre Religion hatte, erhielten wir eine sehr persönliche Einführung in die hinduistische Götterwelt und zahlreiche ihrer unendlichen Geschichten und Legenden.

Nach diesem unvergesslichen Morgen fuhr ich noch mit Radhika auf ihrem Motorroller zur beeindruckenden Festung in Dalautabad, der ehemaligen Hauptstadt des indischen Reiches. Die als uneinnehmbar geltende Festung bestand aus einer gigantischen Festungsanlage mit mehreren Mauersystemen, die sich um einen zentralen, felsigen Berg zogen. In den massiven Felsen waren weitere Verteidigungsanlagen gehauen worden und neben einem in den Felsen getriebenen gewaltigen Wassergraben führte der Weg hinauf auf den Festungsberg durch unterirdische Stollen. Oben angekommen war der Ausblick über die riesige Anlage und die untergehende Sonne faszinierend und ich konnte mein Glück kaum fassen, diesen tiefen Einblick in die indische Geschichte so authentisch zu erleben.

Nach der Rückkehr nach Ellora lud uns Radhika für den kommenden Morgen zu ihrer Familie nach Aurangabad ein. Da wir sie in der kurzen, aber intensiven Zeit sehr schätzen gelernt hatten und wirklich mochten, nahmen wir glücklich die Einladung an und auch gerne den Umweg von etwa 40 Kilometern auf uns, um Radhika und ihre Familie in ihrem Haus kennenzulernen.

Am nächsten Morgen an ihrem Haus angekommen, folgte ein sehr herzlicher traditioneller Empfang mit Blumenketten, die uns umgehängt wurden, mit speziellen Verzierungen mit farbigen Gewürzen, die ein „Welcome Viola and Julian" vor der Eingangstür formten, und natürlich einem typischen indischen Essen. Wir lernten auch ihre Eltern und ihre Schwester kennen und sie zeigte uns ihren kleinen Haustempel, wo sie täglich beteten und Opfergaben vor kleinen Götterstatuen darlegten. Wie es in der indischen Kultur Brauch ist, wurden wir als Reisende wirklich wie „Götter" empfangen.

Zum Abschied am Nachmittag schenkte uns Radhika eine farbenfrohe Statue des Gottes Ganesha, des Gottes des Tanzes, der Freude und des Essens, der einen Elefantenkopf besitzt. Laut einer Sage beauftragte die Frau Shivas, einem der drei Hauptgötter im Hinduismus, ihren Sohn Ganesha damit, niemanden in ihr Haus zu lassen, da sie sich umkleiden wolle. Als nun aber Shiva kam und ihm der Eintritt verwehrt wurde, riss er Ganesha aus Wut seinen Kopf ab. Seine Mutter, die dies sah, verlangte, ihren Sohn wiederzubeleben und da das erste Tier, das vorbeikam, ein Elefant war, nahm Shiva dessen Kopf und setzte ihn auf den Körper Ganeshas, der damit wieder zu Leben erwachte. Diese kleine Skulptur fand ihren Platz in unserer Lenkertasche und war seitdem unser ständiger Begleiter. Schweren Herzens verabschiedeten wir uns von Radhika in dem Wissen, eine neue gute Freundin gefunden zu haben.

Von Radhika und ihrer Familie wurden wir traditionell und unglaublich herzlich empfangen.

17 Unser erstes Projekt

Auf dem weiteren Weg nach Norden in Richtung Bhopal erreichten wir nach einer steilen Abfahrt hinunter in ein Tal Ajanta. In Ajanta war vor etwa 100 Jahren während der Tigerjagd eines englischen Offiziers eine weitere riesige Anlage buddhistischer Tempelhöhlen entdeckt worden, die über Jahrhunderte in Vergessenheit geraten und vom Dschungel überwuchert worden war.

Während Viola Ruhe von der Anstrengung und den vielen Eindrücken im Hotelzimmer suchte, fuhr ich allein mit dem Tandem in das Tal hinein und besichtigte die Tempelhöhlen. Im Vergleich zu Ellora waren die Tempel allesamt buddhistisch und ihre Dimensionen waren ein wenig kleiner. Dafür bestach dieser Ort durch seine wunderschöne Lage im tropischen Wald mit einem Fluss, der sich tief in der Form eines Hufeisens in den Felsen gegraben hatte. Ein riesiger Wasserfall bildete das Ende des Tals, und in die Steilwand des Tales waren die rund 30 Tempelanlagen vor rund 1.000 Jahren mit unglaublichem Arbeitsaufwand von Menschenhand getrieben worden.

Auf dem weiteren Weg in Richtung Norden erlebten wir täglich das normale indische Leben mit seinen Besonderheiten und seiner Armut. Entlang der Straßen wurden Kuhfladen als Brennmaterial getrocknet und in Burhanpur, einer normalen indischen Stadt mit knapp 300.000 Einwohnern, besuchten wir das „Black Taj Mahal", ein mit dem echten „Taj Mahal" in Agra vergleichbares Mausoleum, wenn auch ein wenig kleiner und verfallener. In dieser Stadt wurden wir unaufhörlich von einem ohrenbetäubenden Lärm begleitet. Da in der Umgebung viele Baumwollplantagen lagen, wurde in den Häusern mit mechanischen Webstühlen aus der Baumwolle Stoff gewebt. Der Lärm dieser uralten Maschinen war schon auf den Straßen ohrenbetäubend und als wir neugierig einmal das Innere betraten, mussten wir uns die Ohren zuhalten. In dem kleinen Raum standen etwa zehn Webmaschinen, die von zwei Arbeitern immer wieder mit neuem Garn bestückt wurden. Sie trugen keinerlei Gehörschutz und die mechanischen Teile der Webstühle drehten und bewegten sich ungeschützt, sodass nur schmale Gänge zwischen den Maschinen freiblieben. Die Unfallgefahr war riesig und einmal wieder wurde uns der gewaltige Unterschied zwischen den Lebens- und Arbeitsbedingungen in Deutschland und Indien deutlich.

Der Lärm der Webstühle war ohrenbetäubend, wenigstens wenn man noch ein Gehör hatte.

Nach 1.000 Kilometern durch das pure Indien erreichten wir Bhopal, wo unser erstes mögliches Spendenprojekt auf uns wartete. Über private Kontakte waren wir auf den Verein „Indienhilfe-Deutschland e.V." (www.indienhilfe-deutschland.de) und deren Projekte in Zusammenarbeit mit katholischen Priestern in Bhopal aufmerksam geworden und wollten uns persönlich ein Bild vor Ort machen, um sicherzugehen, dass jeder Euro, den uns unsere Kilometersponsoren anvertraut hatten, auch sinnvoll und effizient eingesetzt würde. Father Franklin, ein katholischer Priester, hatte hier über viele Jahrzehnte etwas Einzigartiges geschaffen. Über 1.000 Kinder, die ohne Eltern waren oder aber aufgrund der extremen Armut ihrer Eltern nicht versorgt werden konnten, wurden von ihm, seinen Brüdern und ihren Angestellten aufgenommen und erhielten neben einer Obhut auch eine gute Schulbildung als Grundlage für ein nachhaltig besseres Leben.

Als wir nachmittags bei den Pilar-Fathers ankamen, nahmen uns diese herzlich in ihr weihnachtlich geschmücktes Zuhause auf. Wir erhielten einen eigenen Raum, in dem sogar, das erste Mal überhaupt in Indien, Mückennetze über den Betten hingen. Da es mit der Ankunft in Bhopal, das ein wenig erhöht liegt, nochmals deutlich kälter geworden war, schliefen wir hier mit Schlafsäcken und Wolldecken, was bei offenen Räumen und Temperaturen von unter zehn Grad nachts trotzdem unangenehm wurde. Dennoch hatten wir es gar nicht erwartet, so selbstverständlich aufgenommen zu werden und genossen ihre Gastfreundschaft. Die Haushälter und Haushälterinnen kochten für die Priester, die sich so voll auf ihre Aufgaben konzentrieren konnten, und auch wir wurden ganz selbstverständlich mitverpflegt.

Bereits am selben Nachmittag begannen wir, uns mit Father Franklin die Projekte anzuschauen, die von den Priestern mit finanzieller Unterstützung durch die Indienhilfe aufgebaut und betreut wurden. Wir waren glücklich, diesen Hoffnungsfunken in dem vielen Elend, dem wir tagtäglich begegneten, gefunden zu haben. Und dazu war dies ein Ort, an dem wir herzlich aufgenommen wurden und gemeinsam mit den anderen Priestern Weihnachten feiern konnten, denn es war inzwischen Mitte Dezember geworden. Nach fast fünf Monaten Reise mit fast täglich wechselndem Ort tat es gut, ein Stück Heimat und Gewohntes in Form von Weihnachten gefunden zu haben und einige Tage an einem ruhigen Ort zu bleiben.

Als erstes fuhren wir zum nahegelegenen Kindergarten der jüngsten Kinder, den Fünf- und Sechsjährigen, die uns und ihren geliebten Father Franklin mit strahlenden Augen erwarteten. Da sie keine Familien mehr hatten oder aber weit entfernt von diesen lebten und vermutlich auch zuhause nur wenig Liebe von ihren Eltern erfahren hatten, sehnten sie sich nach Zuneigung. Und Franklin war mit seiner lieben, gütigen und selbstlosen Art ihr Ersatzvater. Sobald sie ihn sahen, stürmten sie auf ihn zu, umarmten in und gaben ihm Küsschen auf die Wange. Ein riesiger Tumult bildete sich um ihn. Selbst bei diesen kalten Temperaturen waren viele der Kinder barfuß unterwegs, denn Schuhe besaßen sie nicht. Was für uns unvorstellbar war, schien die kleinen tapferen Kinder aber nicht zu stören.

Überall begegneten uns strahlende Kinderaugen.

Nach der Begrüßung sangen die etwa 100 Kinder für uns und schienen sich über den fremden Besuch sehr zu freuen. Vor dieser Masse an kleinen Kindern zu stehen, die mit viel Spaß und voller Leidenschaft ihr Lied vor uns sangen, und dabei in ihre leuchtenden Augen zu schauen, war ein unbeschreiblicher Gänsehautmoment für uns. Es schien, als sei allein dieser Augenblick, als seien diese Kinder es wert, den weiten Weg bis hierher auf sich genommen zu haben.

Bei einer kleinen Führung durch die Räumlichkeiten sahen wir schnell, dass dieser Kindergarten bei Weitem nicht dem entsprach, was wir aus Deutschland kannten. Die über 100 Kinder schliefen in einem einzigen großen, kahlen Raum, in dem jedes Kind einen Koffer für seine wenigen Besitztümer und eine Art Schlafdecke hatte, die zur Nacht auf den Boden gelegt wurde. Gekocht wurde in riesigen Kübeln über dem Holzfeuer, gelernt in einem großen, leeren Raum ohne Tische und Stühle, dafür aber mit einer großen Tafel an der Wand. Spielsachen sahen wir keine, für solchen „Luxus" fehlte das Geld. Dennoch wirkten die Kinder sorglos und glücklich und das Strahlen in ihren Augen war absolut ansteckend und berührte uns tief.

Am Abend reflektierten wir mit Father Franklin das Erlebte. Die Kinder kamen auf verschiedenen Wegen nach Bhopal in das Projekt. Einige wurden von ihren Eltern oder Verwandten bei den Priestern abgegeben, in der Hoffnung, dass ihre Kinder hier versorgt werden könnten und nicht unter schlimmer Armut und Hunger leiden müssten. Andere hatten bereits keine Eltern mehr oder waren Opfer von Kinderhandel geworden und wurden irgendwo von den Priestern aufgesammelt. Und obwohl uns die Anzahl der Kinder im Kindergarten groß erschien, so stellten diese nur einen Bruchteil jener Kinder dar, die jedes Jahr aufs Neue hoffen, bei den Vätern unterzukommen, um nicht perspektivlos und in Armut auf der Straße oder in ihren Hütten in den Dörfern leben zu müssen. Die laufenden Kosten zur Versorgung der bereits aufgenommenen Kinder waren jedoch so hoch, dass viele Kinder abgewiesen werden mussten. Das Bedauern der Väter, nicht allen hilfsbedürftigen Kindern eine Perspektive bieten zu können, zumal einige Kinder aus mehreren hundert Kilometern entfernten Dörfern voller Hoffnung auf ein besseres Leben anreisten, kann man sich vorstellen. Wie uns erzählt wurde, stürzte die Diskrepanz zwischen seinem Anspruch, zu helfen, und der Realität, bei weitem nicht genügend Ressourcen für alle zu haben, Franklin immer wieder im Frühjahr, wenn die Entscheidung über die neu aufzunehmenden Kinder anstand, in tiefe Trauer. Auch uns traf es sehr, dieser Realität ins Auge blicken zu müssen. Dennoch waren wir froh, hier gelandet zu sein, in dem Wissen, durch unsere Spendengelder den Kindern zumindest eine kleine Unterstützung auf ihrem Weg anbieten zu können.

Die nächsten Tage schlossen sich weitere Besuche im „Tribal Hostel" (Kinder im Alter von etwa sieben bis acht Jahren), sowie dem Girls- und Boys-Hostel an, in welchen die Kinder bis einschließlich des 12. Schuljahres verpflegt und unterrichtet wurden, aber gleichzeitig auch schliefen. Wie auch im Kindergarten wurden wir immer wieder aufs Neue sehr herzlich mit Gesängen und Tänzen oder anlässlich Weihnachten einstudierten Krippenspielen begrüßt und unterhalten. Auch unsere Tandemreise war immer wieder Thema und weckte großes Interesse bei den Kindern, die noch nie ein Tandem gesehen hatten, sodass wir das ein oder andere Mal den Kindern ein wenig von unserer Reise erzählten.

Einer unserer Schulbesuche fand an meinem 29. Geburtstag statt und neben einem Geburtstagsständchen von hunderten Kindern hatten diese zudem eine bunte Geburtstagskarte gebastelt und Blumen organisiert. Wir waren von dem respektvollen und gutmütigen Verhalten der Schüler uns und ihren Lehrern sowie ihren jüngeren und älteren Mitschülern gegenüber wirklich beeindruckt. Da die Kinder Schuluniformen trugen, hätten wir ohne unser Vorwissen nicht ahnen können, welche Schicksale und Geschichten die Kinder mit sich herumtrugen. Am Nachmittag überraschte uns noch ein Kurier, der am Gemeindehaus ankam und für mich einen Blumenstrauß

Das Interesse der Kinder an uns und der Tandemtour war riesig.

mit kleinen Schokoladentafeln und einer Geburtstagskarte abgab. Ein weiteres Paket sollte einige Tage später folgen. Die Absenderin war Radhika, die meinen Geburtstag nicht vergessen hatte und mich überraschen wollte. Abends wurde ich noch zu dem Geburtstagsessen einer Nonne eingeladen, die am selben Tag kurz vor Weihnachten Geburtstag hatte. Zusammen mit einigen Priestern und Nonnen klang so ein glücklicher und der bis dato sicherlich bewegendste Geburtstag meines Lebens aus.

Insgesamt werden etwa 1.000 Kinder durch die Pilar-Fathers, Nonnen und weitere Angestellte betreut. Da die korrupte und hinduistisch-nationalistisch geprägte indische Regierung unter dem aktuellen Präsidenten Modi jedoch nicht an der Bildung der armen Bevölkerungsschichten interessiert ist, wurden die Bildungsprojekte unter der Leitung der Pilar-Fathers durch Spendengelder der Indienhilfe Deutschland finanziert. Und dies, obwohl laut Verfassung in Indien Bildung für alle Kinder gratis verfügbar sein muss und offiziell eine Schulpflicht ab dem sechsten Lebensjahr besteht. Nur durch die Spenden war es möglich, die vielen Schulmaterialien, das Essen für die Kinder, Strom und weitere anfallende Kosten zu finanzieren, und auch die Finanzierung der Schulgebäude und des Grundstücks war erst mit Hilfe von Spendengeldern aus Deutschland möglich geworden. Und selbst mit dieser Unterstützung spielte sich das Leben der Kinder auf einem aus deutscher Sicht sehr niedrigem Niveau ab. Die Klassenzimmer waren je nach Alter der Kinder ohne Möbel oder mit gedrängt stehenden Bänken und Tischen spartanisch eingerichtet, gegessen und gelernt wurde auf dem Fußboden und geschlafen ab dem etwa zehnten Lebensjahr in einem Schlafsaal mit dicht an dicht stehenden Doppelstockbetten mit siebzig anderen Kindern in einem Raum. Für Viola, die immer wieder Ruhe und Zeit für sich nötig hat, waren dies nicht vorstellbare Zustände. Als wir das Boys Hostel besuchten, veranstalteten sie eine kleine Willkommens-Weihnachtsfeier für uns und forderten uns auf, mit ihnen vor den anderen Klassen zu tanzen.

Trotz dieser Umstände sahen wir bei unseren Besuchen zufriedene Kinder, und beim Verteilen der Weihnachtsgeschenke, bei dem wir mithelfen durften (die kleinen Kinder bekamen jeweils einen neuen Pulli für ihre Schuluniform, die älteren bekamen eine warme Decke und einen Schulrucksack) spürten wir die Dankbarkeit und die Wertschätzung der Kinder. In einem Land wie Indien, in dem noch immer knapp die Hälfte aller Kinder mangelernährt ist und etwa 40 Prozent aller Inder weniger als einen Euro am Tag zur Verfügung haben, sind diese Geschenke echte Luxusgüter. Auch wenn wir ein wenig wehleidig waren, das bekannte Weihnachten zu Hause mit unseren Familien zu verpassen, so machten uns diese Momente auch sehr nachdenklich. Wir waren neben ein wenig Wehmut gleichzeitig erleichtert, dieses Jahr nicht am materiellen westlichen Weihnachtskonsumwahnsinn teilzunehmen und stattdessen die viel wertvollere Freude der Kinder beim „beschenkt werden" zu erleben.

Die Freude der Kinder war ergreifend und in Deutschland nicht vorstellbar.

Zufällig stand kurz vor Weihnachten auch das 25-jährige Schuljubiläum an. Dafür wurde von den Schülern seit Wochen geübt, und aufwändige Choreografien wurden einstudiert und festliche Kleidung geliehen. Als Ehrengast war sogar die Bildungsministerin des Staates Madhya Pradesh geladen. Die Feier, an der wir etwas beschämt als Ehrengäste teilhaben durften, überstieg in ihrer Pracht und ihrer Ausdrucksstärke der Kinder und Jugendlichen alles, was wir erwartet hatten. Wir fühlten, was für eine bedeutende Einrichtung hier geschaffen wurde, die erst durch ihre Existenz die Entwicklung und Chance auf einen Ausweg aus der Armut für so viele Kindern ermöglichte.

Die Feier zum 25-jährigen Bestehen der Schule war ein farbenfrohes Spektakel.

Neben den Kindergärten und Schulen kümmerten sich die Pilar-Fathers dank der Indienhilfe zudem um eine Leprastation, in der erkrankte Menschen aufgenommen und therapiert wurden. 60 Prozent der weltweit von Lepra betroffenen Menschen leben heute in Indien, absolut entspricht dies über 100.000 Betroffenen. Aufgrund typischer Stigmata wie verstümmelten Händen und Füßen, nicht heilenden Wunden am ganzen Körper sowie Verformungen des Gesichtes durch Auflösung des Nasenknorpels werden Menschen mit Lepra aus der Gesellschaft verstoßen. Obwohl das Risiko einer Ansteckung minimal ist, werden Erkrankte aus ihren Dörfern vertrieben, sodass ihnen keine andere Möglichkeit bleibt, als zurückgezogen auf der Straße vom Betteln und dem Müll zu leben, bis sie ihrer Krankheit oder den Folgen der Armut erliegen. Eine rechtzeitige Behandlung der Krankheit kann diese heilen, jedoch scheuen sich viele Betroffene, einen Arzt aufzusuchen, in der Hoffnung, die existenzgefährdende Diagnosestellung hinauszuzögern oder abzuwenden. Die Folgen sind fatal, denn häufig werden nicht nur sie, sondern ihre ganzen Familien aus der Gesellschaft verstoßen und führen ein stigmatisiertes Schattenleben.

In der Leprakolonie der Pilar-Fathers wird den Erkrankten und teils auch ihren Familien ein Zuhause geboten und sie leben in einer Art Dorf respektvoll miteinander. In einem kleinen Krankenzimmer behandeln sich die Betroffenen trotz teilweiser stark verstümmelter Hände liebevoll gegenseitig. Nur in Ausnahmefällen wird ein Arzt konsultiert. Viele Menschen, denen wir begegneten, hatten keine Zehen mehr und auch die Finger schienen sich Stück für Stück zu verkürzen und aufzulösen. Aber wieder erlebten wir bei unserem Besuch keine um Hilfe bettelnden und klagenden Patienten, sondern Menschen, die uns Freude, Dankbarkeit und Gastfreundschaft entgegenbrachten.

Kontrolle der Lieferung unserer Spendenmaterialien.

Beeindruckt von den verschiedenen Besuchen entschieden wir uns, den Menschen vor weiteren Überlegungen zur Ausgestaltung unserer Spendenaktion eine kleine Freude zu machen, und nutzten die gemeinsame Weihnachtsfeier der Leprakolonie und des „Tribal Hostels". Rund 700 Bananen, die wir vorher auf dem nahen Markt kauften und mit Hilfe einer Rikscha in die Leprakolonie transportierten, verteilten wir an die Kinder und die Bewohner der Leprastation. Denn obwohl die Bananen hier in Indien vergleichsweise extrem günstig waren (für 1€ bekamen wir knapp 30 Bananen), war dies dennoch zu viel, um jedem Kind auch nur ein Stück Obst pro Woche anbieten zu können.

Nachdem wir uns ein genaues Bild der Projekte gemacht und immer wieder das Gespräch mit den involvierten Priestern gesucht hatten, überlegten wir gemeinsam mit diesen, wie wir die eingefahrenen Kilometergelder vor Ort am sinnvollsten einsetzen könnten. Da es hier wirklich an Vielem fehlte und selbst die laufenden Kosten jeden Monat das verfügbare Budget überschritten, war dies gar nicht so einfach. Letztendlich beschlossen wir, die verschiedenen Hostels mit ihren 1.000 Kindern mit Sport- und Schulausrüstung auszustatten und gegebenenfalls Restbeträge in die Lebensmittelvorräte zu investieren. Schlussendlich besorgten wir an einem langen und anstrengenden Tag mit endlosen Geschäftsbesuchen und Preisvergleichen mit Vater Valerio, einem sehr herzlichen und lieben Priester, der das „Boys Hostel" betreute, und einem befreundeten „Dealer" über 10.000 Schulutensilien. Dazu gehörten Schreibhefte, Bleistifte, Kugelschreiber, Anspitzer, Wachsmalstifte für die Kindergartenkinder und vieles mehr sowie diverse Fuß- und Volleybälle, Cricket Sets (beliebteste Sportart und Nationalsport Indiens), Hula-Hoop-Ringe, Springseile und weitere Sportartikel. Von dem verbleibenden Restbetrag wurden noch 250 Kilogramm Hülsenfrüchte gekauft. Insgesamt setzten wir mit 2.000 Euro nahezu alle Spendengelder ein, die wir bis Bhopal eingefahren hatten. Ein riesiges Dankeschön auch hier noch einmal von uns an unsere wunderbaren Unterstützer, die im Vertrauen an uns, ihre Gelder gut einzusetzen, unserer Reise eine weitere Motivation und einen tieferen Sinn gaben. Aus den Medien kennt fast jeder solche Projekte, aber für uns war es etwas ganz anderes, mitten drin und Teil eines solchen Projektes zu sein, das das Leben vieler Kinder nachhaltig zum Besseren verändert. Vielen Dank!

Die Projekte in Bhopal hatten uns sehr berührt und die ehrenamtliche finanzielle Unterstützung durch die Indienhilfe in Kombination mit der zuverlässigen Arbeit der Priester (und Nonnen) hier vor Ort hatte uns sehr überzeugt. Aus diesem Grunde wollten wir auf unserer Reise ein weiteres Projekt der Pilar-Fathers und der Indienhilfe in Kalkutta besuchen und bis dahin fleißig strampeln, um die Kilometerkasse wieder zu füllen.

Wer nach dem Lesen dieses Kapitels Handlungsbedarf verspürt oder auch einfach interessiert ist an den Projekten der Indienhilfe, der kann sich auf der Webseite www.indienhilfe-deutschland.de belesen. Neben der Unterstützung konkreter Projekte wie der Lepra-Station oder Nachhaltigkeitsprojekten im landwirtschaftlichen Bereich können so die Kinder, die wir hier besucht haben oder aber ihre ebenso hilfsbedürftigen „Nachfolger", durch eine Mitgliedschaft im Verein langfristig und zuverlässig unterstützt werden.

17.1 Die unvergessliche Tragödie

In der Nacht vom zweiten auf den dritten Dezember 1984 ereignete sich in Bhopal auf dem Gelände des US-Unternehmens „Union Carbide" die vermutlich schlimmste Chemiekatastrophe der Menschheitsgeschichte. Durch Fahrlässigkeit, billigende Inkaufnahme und menschliches Versagen gelangte Wasser in einen Tank, in dem Chemikalien zur Düngemittelproduktion gelagert wurden. Durch die dadurch ausgelöste, stark exotherme, chemische Reaktion kam es zu einem enormen Druckanstieg in dem Tank, wodurch über 20 Tonnen eines hochgiftigen, zyanidhaltigen Gases freigesetzt wurden. Vorgeschriebene Sicherheitsvorkehrungen wurden nicht eingehalten und so zog die tödliche Wolke unbemerkt nachts durch einen sich direkt dem Werksgelände angelagerten Slum.

Die verantwortlichen Mitarbeiter meldeten den Vorfall nicht und informierten weder die Feuerwehr noch andere Rettungskräfte in der Hoffnung, diesen Zwischenfall verheimlichen zu können. Währenddessen erwachten in dem Slum nachts die Menschen, da ihre Augen und Lungen entsetzlich brannten. Viele vermuteten, ihre Nachbarn würden nachts Chilis verbrennen. Als sie jedoch beim Verlassen ihrer Hütten überall sterbende Menschen und Tiere sahen, rannten sie in ihrer Panik um ihr Leben. Fatalerweise lag das nahe Krankenhaus direkt in der Windrichtung und so liefen viele in ihren Tod. Erst am folgenden Morgen wurde das Ausmaß dieser Tragödie sichtbar. Mit Baggern wurden die Kadaver- und Leichenhaufen entsorgt. Das Grundwasser ist bis zum heutigen Tage verseucht und noch immer leiden die Bewohner des Slums an den Folgen. Union Carbide hat sich bis heute seiner Verantwortung entzogen und der Hauptverantwortliche, Anderson, wurde von den USA nie nach Indien ausgeliefert und starb in den Zweitausendern im Alter von über 90 Jahren in den USA, während noch heute Kinder geboren werden, die mit Missbildungen unter den Folgen der Katastrophe leiden.

Details dieser Tragödie kannten wir nicht vor unserer Reise und so sahen wir es als unsere Pflicht an, etwas über dieses Unglück zu lernen und etwas dazu beizutragen, dass es nicht in Vergessenheit gerät. Wir radelten mit unserem Tandem an dem Gelände vorbei, das bis heute nicht dekontaminiert inmitten der Stadt liegt und vor sich hin rostet. Wir berechneten selbst, wie viel es den US-Konzern gekostet hätte, die Dekontamination des Areals zu finanzieren und so wenigstens weiteren Schaden in Zukunft zu verhindern. Es wäre in etwa ein Promille, also ein Tausendstel ihres Jahresumsatzes gewesen. Dass selbst dies nicht geschah, machte uns fassungslos und stellt ein düsteres Kapitel des Kapitalismus dar. Zur Profitmaximierung hatte man Sicherheitsstandards nicht beachtet und billige Ersatzteile verbaut, wodurch man den Tod tausender Menschen billigend in Kauf nahm. Zusammen mit Christian, der ebenso wie wir bei den Priestern zu Gast war, besuchten wir auch das „Remember Bhopal"-Museum, das aufgrund von mangelndem Interesse des Staates durch Angehörige und Hinterbliebene betrieben wird. Mit Audiobeiträgen wurde dem Besucher hier nochmals hautnah der Schrecken dieser einen Nacht und der nachfolgenden Jahre nahegebracht.

Im Museum sahen wir Dokumente, die den Schrecken dieser Nacht dokumentierten.

Christian war ebenfalls Deutscher, der bereits vor einigen Jahren bei Father Franklin gewesen war. Seitdem hatten ihn seine Erlebnisse nicht mehr losgelassen und jetzt hatte er sich drei Monate Auszeit genommen, in denen er intensiv die Projekte der Pilar-Fathers und verschiedene Regionen Indiens besuchen wollte. Zufällig kam er ebenfalls aus der Region Osnabrück und so war die Chance hoch, dass wir uns auch nach unseren Reisen in der Heimat wiedersehen würden.

18 Bis zur heiligen Stadt

Mit dem Erreichen Bhopals war auch für uns der Winter eingezogen. Die Temperaturen fielen nachts regelmäßig bis auf unter zehn Grad und auch tagsüber blieben sie häufig unter 20 Grad, was uns zusätzlich zu einer Erkältung, die uns beide erwischte, und der begrenzten Kleidungsmenge an eine neue Grenze führte. Dennoch verabschiedeten wir uns schweren Herzens und sehr emotional von Father Franklin und den anderen Priestern, die wir liebgewonnen hatten, und machten uns kurz nach Weihnachten auf unseren Weg nach Norden mit dem Ziel Varanasi. Zum Abschied spielte Franklin uns sein berühmtes Schnullerlied, das er während seiner Reisen nach Deutschland und in die Schulen, die das Projekt unterstützen, erfunden hatte. „Mama ich will, Mama ich will, Mamaaaaa ich will einen Schnuller, einen Schnuller, einen Schnuller für mein Baby, liebes Kind. Papa ich will... Oma ich will...". Man kann sich vorstellen, dass bei diesem Text die Kinder in den Grundschulen in Deutschland schnell begeistert mitsingen.

Father Franklin spielte uns zum Abschied sein berühmtes Schnullerlied.

Auf unserem Weg nach Norden wurden wir wie gewohnt von unzähligen Motorradfahrern auf Hindi und seltener auch auf Englisch angesprochen. Meist wollten sie wie gewohnt wissen, wohin wir führen und woher wir kämen. Da wir nicht für jeden im Minutentakt anhalten konnten, um ihnen ihr gewünschtes Selfie zu ermöglichen, begnügten sie sich meist damit, sich mit uns beim Fahren zu fotografieren. So aber nicht ein Motorradfahrer, der Viola zur Weißglut bringen sollte. Harmlos wie alle anderen kam er an und fragte, wohin wir führen. Erschöpft und genervt von den hundert Motorradfahrern, die bereits dasselbe an diesem Tage gefragt hatten, ignorierten wir ihn erst. Als er aber penetrant neben uns fuhr und uns die Ausweichmöglichkeiten bei Schlaglöchern versperrte antwortete ich ihm in der Hoffnung, dass er sich mit der Antwort zufriedengeben und weiterfahren würde.

Umgestürzte LKWs gehörten fast zur Tagesordnung, hier in einer kleinen Kurve nach 10 km geradeaus.

Dem war aber nicht so, denn er wollte ein Selfie mit uns am Straßenrand, und dieses musste zwingend stehend sein. Wir waren genervt und hielten natürlich nicht an. Beharrlich fuhr er neben uns weiter und Viola war verzweifelt, da seit einer halben Stunde der Motor seines Motorrades neben ihr dröhnte. Wir sagten ihm, er solle wegfahren, es sei gefährlich und zu laut. Das interessierte ihn aber keinesfalls. Um unserem Anliegen Nachdruck zu verleihen, begann ich irgendwann, ihn bis zur Mittelleitplanke abzudrängen, was er allerdings nur amüsant fand. Viola war verzweifelt bei der Respektlosigkeit, fast eine Stunde lang litt sie schon unter diesem penetranten Stalker. Nächste kreative Idee meinerseits war es, ihm unsere Wasserflasche überzukippen, da er ja weiter direkt neben uns fuhr. Aber auch dies fand er nur lustig und begann, Viola, die inzwischen vor Verzweiflung weinte, zu filmen. Nach einem Martyrium durch seine Gefährdung und den Lärm, das über eine Stunde dauerte, fuhr er irgendwann hämisch winkend davon. Noch lange waren wir an diesem Tag verärgert und dachten an diesen dreisten Menschen, bevor wir nachmittags die Grenze des Bundesstaates Madhya Pradesh überquerten und nach Uttar Pradesh kamen.

Am Feuer aus Plastikabfällen wärmten sich nicht nur die Menschen in den Straßen.

Varanasi ist die heilige Stadt der Hindus am Ganges, etwa 400 Kilometer südlich der nepalesischen Grenze und auf dem Weg dorthin änderte sich das typische Straßenbild. Überall entlang der Straßen saßen gebückte Menschen, die sich an kleinen Feuern aus brennendem Plastikmüll die Hände wärmten. Selbst bei regnerischen zehn Grad waren viele Inder in Flipflops oder gar barfuß unterwegs und die Häuser und Hütten besaßen weder Heizungen noch Öfen.

Wir froren nun jeden Tag und kauften uns daher dicke Wollmützen und verbrachten viele Stunden und selbst nachts mit all unserer Kleidung an und der Mütze auf dem Kopf in den kalten Hotelzimmern. Auch die Decken, die meist aus einer einfachen, dünnen Wolldecke bestanden, waren nicht wirklich an diese Temperaturen angepasst und so nahmen wir häufig unseren eigenen Schlafsack hinzu. Das negative Highlight dieser Zeit war eine Etappe, zu der wir um acht Uhr morgens aufbrachen, da wir auf Karten keine Unterkunft näher als 165 Kilometer entfernt gefunden hatten. So kam es, dass wir Sylvester verschliefen, um an Neujahr früh morgens unsere Mammutetappe in Angriff zu nehmen. Erkältet und bei acht Grad im Nebel starteten wir und hofften auf gute Straßen, denn ansonsten waren 165 Kilometer in Indien unmöglich an einem Tag zu absolvieren. Nachdem wir rund 110 Kilometer hinter uns gebracht hatten, wurde es immer düsterer und es fing an, zu regnen. Der Regen startete mit leichtem Niesel und wurde dann immer stärker, scheinbar sollte uns keine Gnade gewährt werden. Schon bald konnten wir aufgrund der teils überfluteten Straße die Schlaglöcher nicht mehr erkennen. Gerade in diesem Augenblick entdeckte Viola durch den Regenvorhang hindurch ein Gebäude, an dem Hotel stand. In Hoffnung hielten wir und tatsächlich vergaben sie Zimmer. Ohne Heizung oder warmes Wasser verstand sich und dazu natürlich typisch indisch sauber. Wir nahmen es mit Humor und verbrachten eine

Nacht mit Schlafsack, dem Rest der noch trockenen Kleidung und Wollmütze in dieser Unterkunft, bevor wir am nächsten Morgen in unsere teils nassen Sachen stiegen und glücklicherweise bei Sonnenschein weiterfahren konnten.

Nicht allzu lange nach unserem Start nahm ich in meiner Trettrance plötzlich etwas Riesiges und Schwankendes weit vor uns auf der Straße wahr. Ungläubig erahnte ich was sich dort hinten auf der Straße befinden musste. Aufgeregt erzählte ich Viola, was uns erwartete und wir hielten an, um unsere Kamera aus der Lenkertasche zu holen. Wir kamen näher und da war er wirklich. Ein riesiger Elefant stampfte in Begleitung einiger Männer über die Straße. Es war ein surrealer und faszinierender Anblick. Je näher wir kamen, desto beeindruckter waren wir von diesem riesigen Tier. Natürlich hatten wir Elefanten schon im Zoo gesehen und Viola auch schon in Tansania, aber nun waren wir so weit gefahren, dass wir diesem gewaltigen Tier im „realen Leben" begegneten. Direkt neben ihm hielten wir an und spürten, wie klein und verletzlich wir im Vergleich zu diesem sanftmütigen Riesen waren. Er betatschte neugierig unsere Fahrradhelme mit seinem Rüssel und Viola opferte einige unserer Bananen, um ihn damit zu füttern. Als kleiner Snack verschwand Banane nach Banane in einem einzigen Stück in seinem Maul, samt Schale. Noch den halben Tag waren wir fasziniert von dieser Begegnung und konnten es kaum glauben, dass wir diesem mächtigen Tier wirklich begegnet waren.

Eine unglaubliche Begegnung.

Unser nächstes Ziel war Khajuraho, eine weitere UNESCO-Weltkulturerbestätte. In den Jahrhunderten um etwa 1.000 nach Christus entstanden hier 85 Tempelanlagen, von denen etwa 25 bis heute die Zeit und muslimische Zerstörer hinduistischer Tempelanlagen überdauert haben. Die Tempel, die im Gegensatz zu den Anlagen in Ellora und Ajanta überirdisch errichtet wurden, sind allesamt unvorstellbar detailreich und kunstvoll mit Skulpturen geschmückt. Die beeindruckenden äußeren Fassaden sind mit hunderten Figuren von Tieren über Menschen bis hin zu Gottheiten übersäht und ebenso die Innenräume. Die meisten Tempel zählen zum Hinduismus, einige auch zum Jainismus. Berühmt sind die Tempelanlagen besonders für ihre eindeutigen erotischen Kamasutra- und Tantra-Szenen. Scheinbar waren die Hindus vor 1.000 Jahren sehr offen, was ihr Sexualleben anbelangte, und so lassen sich vielfältige Sexstellungen zu zweit, dritt oder aber auch mit Pferden an den Tempeln entdecken. Der Fantasie ist dabei fast keine Grenze gesetzt. Wir überlegten, ob es wohl irgendwann in der Geschichte dazu kommen könnte, dass vergleichbare Szenen an einer Kirche präsentiert würden. Es dauerte lange, um sich durch die unendliche Anzahl an Figuren und Szenen all der Tempel zu blicken.

In einem guten Hotel erholten wir uns ein wenig und veranstalteten dank eines kleinen Heizlüfters einen Waschvormittag, um unserer Kleidung nach der Regenetappe die dringend nötige Generalwäsche zukommen zu lassen. Eine sehr spaßige wie aber genauso effiziente Methode haben wir mit der Zeit entwickelt, um die Polster unserer Radhosen zu trocknen, die immer etwas länger brauchten. In fast jedem Zimmer gab es einen Ventilator an der Decke und seine drei Rotorblätter ergaben drei ideale Kleiderbügel, an denen wir die Träger

Bei genauerem Hinsehen ließen sich überall erotische Szenen entdecken.

der Hosen aufhängen konnten. Nach Anschalten des Ventilators setzte sich das Hosenkarussell in Bewegung und die Hosen wurden innerhalb weniger Stunden und unzähliger Runden zuverlässig getrocknet. Sehr praktisch!

Viola schaut sich eines der Warnschilder vor Tigern an.

Auf dem Weg von Khajuraho nach Varanasi durchquerten wir am nächsten Tag das Tigerreservat von Panna. Wir lasen, dass inzwischen vermutlich alle Tiger von Wilderern getötet wurden, Leoparden und Bären sollte es unter anderem aber noch geben. Ein wenig angespannt erklommen wir einen kleinen Pass im Wald des Reservates und entdeckten „leider" keinerlei Großtiere, auch wenn uns bei den immer wieder vor Tigern warnenden Schildern, an denen wir vorbeikamen, manchmal ein wenig mulmig zumute war. Nur die bekannten Rhesusaffen waren wie überall in Waldgebieten zu sehen. So wie in fast jedem Waldgebiet, durch das wir in Indien fuhren, hielten sich die Affenfamilien gerne entlang der Straßen auf, um den Verkehr zu beobachten und darauf zu hoffen, dass ihnen aus den vorbeifahrenden Fahrzeugen Chips, Kekse oder Bananen zugeworfen würden. Viele der Affen saßen entspannt am Straßenrand, während wir immer wieder aufs Neue versuchten, zu realisieren, dass wir nun so weit gekommen waren, dass Affen zu unserer fast täglichen Begegnung geworden waren.

Eine weitere Abwechslung auf dieser Etappe stellte ein Auto des Senders News18 von CNN dar, das uns anhielt und dann auf der Straße ein Interview mit uns führte. Gestellt wurden die typischen Fragen. Woher kommt ihr (Germany)? Wie lange reist ihr schon (150 Tage)? Wie viele Kilometer seid ihr schon gefahren (über 8.000 Kilometer)? Wie viele Länder habt ihr durchquert (14)? Und weshalb mit dem Fahrrad (um Veränderungen langsam und mit allen Sinnen wahrzunehmen, mit eigener Kraft voranzukommen und zu zeigen, dass auch große Reisen relativ umweltfreundlich und gesundheitsfördernd möglich sind)? Wir genossen diese Abwechslung zwischen all den anderen Autos, Rollern und LKWs, die immer nur Selfies wollten, und hofften, einigen Fernsehzuschauern etwas Inspiration zu geben, sodass sich mehr Menschen in Indien auf das Fahrrad schwingen, um zu reisen oder aber auch, um etwas für ihre Gesundheit und den Umweltschutz zu tun.

Nach einigen weiteren typischen Tagen durch das uns inzwischen zur Normalität gewordene indische Chaos erreichten wir Varanasi. Der erste Blick auf den Ganges war gigantisch. Selbst in der Trockenzeit war dieser Fluss ein riesiger Strom, der selbst die Donau weit in den Schatten stellte und sich mystisch grau bis an den Horizont erstreckte, wo er eins wurde mit dem Smog des Himmels.

Varanasi selbst war unser Hauptziel in Indien auf der von uns gewählten Nordroute und entsprechend hatten wir einige Erwartungen an diese Stadt. Viola sehnte sich nach Sauberkeit, Ruhe und einem warmen Platz, all dem, was es in Varanasi wohl am wenigsten gibt, im Vergleich zu allen anderen Städten in Indien. Die Stadt war heillos überfüllt, das Verkehrschaos im Vergleich zu anderen indischen Großstädten vielleicht mit Ausnahme Mumbais noch größer, und auch wer dachte, die Menge an Müll und Dreck auf den Straßen ließe sich nicht mehr steigern, wird in Varanasi im Winter eines Besseren belehrt. Die allgegenwärtige Armut war eine Belastung besonders für eindeutig westliche Touristen und die Suche nach einem bezahlbaren Hotel, das den Ansprüchen einer erschöpften Radlerin genügt, eine riesige Aufgabe inmitten all der Menschenmassen und dauerhupenden Motorräder.

Das Straßenbild Varanasis wird geprägt durch Fahrradrikschas und Trauerzüge.

Dennoch gelang uns mit einiger Kraft und viel Ausdauer dieses Kunststück, und noch am ersten Abend spürten wir die einzigartige Magie Varanasis, das früher Benares hieß. Wir suchten uns einen Weg durch die engen Gassen, durch die kaum unser Tandem samt Gepäcktaschen passte, vor allem nicht, wenn uns noch eine Kuh entgegenkam. Die heiligen Kühe sind besonders in Varanasi ziemlich verwöhnt und denken nicht daran, einem Touristen Platz zu machen. Entlang des Ufers des Ganges reihen sich über Kilometer Ghats, das sind Treppenzugänge für Pilger hinunter an das Ufer des heiligen Flusses.

Ein typisches Bild in den Städten, Tiere die im Müll nach Nahrung suchen.

Im Dunkeln schlenderten wir auf den Ghats entlang des Ganges und sogen die besondere Stimmung auf, bis wir zum Manikarnika-Ghat, auch „burning ghat" genannt, kamen. Dort werden 24 Stunden am Tag die Leichname von Hindus verbrannt, denn dies ist ein ihnen heiliger Ort, der es ihrem Glauben nach ermöglicht, dem Kreislauf der Reinkarnation zu entkommen und so ins Paradies zu gelangen. Dafür reisen Sterbende aus weiten Teilen des Landes an und warten auf den Tag ihres Todes und damit auf ihre Erlösung. Aber auch die Leichname von Verstorbenen werden hierhergebracht und von den männlichen Angehörigen feuerbestattet. Das Ritual untersagt es Frauen, der Zeremonie beizuwohnen, wohl auch, da es in Indien die Tradition der Witwenverbrennung gab, die zum Glück seit Längerem verboten ist. Bunt geschmückt werden die Leichname durch die engen Gassen getragen und währenddessen werden Mantras gesungen. Diese „Leichenzüge" prägen das Stadtbild und gehören zum normalen Alltag dieser Stadt. Erst mit dem Bad der Leiche im heiligen Wasser des Ganges verstummen die Mantras und die Leichname werden bis auf ein weißes Leinentuch entkleidet und auf einen Brennholzstapel gelegt. Nach einer Waschzeremonie des nächsten Angehörigen kleidet auch dieser sich in weiße Leinen und holt dann Feuer von dem ewigen Feuer, welches Shiva, der Hauptgott vieler Hindus, dort vor 4.000 Jahren entzündet haben soll. Es gibt dort Menschen, deren lebenslange Aufgabe es ist, dieses Feuer zu unterhalten.

Nach fünf Umrundungen des Holzstapels mit dem Feuer für die fünf Elemente im Hinduismus (Feuer, Wasser, Himmel, Erde, Wind) wird dieser angezündet und über drei Stunden warten die Angehörigen, bis die Verbrennung vollzogen ist. Mit dem Zerbrechen eines mit Gangeswasser gefüllten Tonkruges über der Glut und Asche wird die Bindung der Seele zur Familie und damit zur Welt getrennt und die Seele kann ins Nirvana aufsteigen. Nicht verbrannte Überreste wie Teile des Brustkorbes bei Männern oder Hüftanteile bei Frauen werden aus der Asche gesammelt und in den Ganges geworfen, wo sich andere Gläubige täglich waschen. An diesem Ort zu stehen und diese Masse an brennenden Feuern in der Nacht zu sehen, dazu all die Angehörigen und ihre Mantragesänge zu hören, war einzigartig und ließ eine magische Stimmung aufkommen.

Das „Manikarnika-Ghat", auch „Burning Ghat" genannt, an dem die Toten verbrannt werden.

Südlich des Manikarnika-Ghats wurde an einem anderen Ghat jeden Abend eine Zeremonie von „Mönchen" zu Ehren des heiligen Flusses vollzogen, die tausende Gläubige anlockte. Durch die Musik und Gesänge zusammen mit den beeindruckenden Choreografien der Mönche mit Flammenkelchen und Räucherstäbchen beeindruckte uns auch diese Zeremonie.

Während der abendlichen Zeremonie am Ganges.

Leider wurde fast jeder Ort in Varanasi aufgrund der allgegenwärtigen Armut genutzt, um durch allerlei Tricks an Geld zu gelangen. Touristen, die dort ankamen, wurden von „Fremdenführern" begleitet und am Ende wurde um eine Spende für das Brennholz für arme Menschen gebeten. Ein Kilo solle etwa acht Euro kosten, irre Summen, mit denen sie sich gutes Geld für die eigene Tasche versprachen. Leider endete fast jede Begegnung an dem Ufer mit einer hohen Geldforderung. Da wir aber darauf vorbereitet waren, konnten wir gut damit umgehen. Die Kreativität und kriminelle Energie, die sich hier entwickelt hatte, war auf jeden Fall beeindruckend. Richten wollten wir darüber nicht, denn die Lage, in der sich viele Menschen befanden, ist schwer zu ertragen. Und Aussicht auf eine Besserung der Lage für weite Bevölkerungsteile sahen wir leider nicht.

Einmal wieder allein, besuchte ich mit dem Tandem das gut zehn Kilometer nördlich von Varanasi gelegene Sarnath, eine wichtige buddhistische Pilgerstätte. Da dies der Ort sein sollte, wo Buddha nach seiner Erleuchtung die erste Predigt vor seinen Schülern gehalten hatte, waren neben einer großen Stupa (eine religiöse Stätte des Buddhismus, errichtet als großes rundes Steingebilde) auch ein Museum und verschiedene Tempel der verschiedenen buddhistischen Kulturen von China über Tibet bis nach Myanmar errichtet worden.

Nach sechs Wochen in Indien machten wir uns nun erstmals gen Südosten auf den Weg und wollten in knapp zwei Wochen Kalkutta erreichen, wo wir Indien nach Bangladesch verlassen würden. Auch wenn wir viele faszinierende Seiten Indiens kennenlernen durften, so waren wir dennoch froh, dieses kräftezehrende, perfekte Chaos endlich verlassen zu können, denn selbst ich sehnte mich nun wieder nach etwas mehr Ordnung, Hygiene und Ruhe. Daher freuten wir uns, dass bald ein neuer Abschnitt unserer Reise beginnen würde. Die Art, wie dies geschehen sollte, hätten wir uns vorher allerdings nicht ausmalen können.

19 Der Wendepunkt

In nur einer Sekunde kann sich alles ändern. Wir wussten von Anfang an, dass der Verkehr das größte Risiko während unserer Reise sein würde, und diese Befürchtung bestätigte sich. Unser größtes Ziel, gesund zu bleiben und unversehrt die Reise zu beenden, konnten wir leider nicht einhalten. Motiviert, nun endlich den Endspurt ins 700 Kilometer entfernte Kalkutta nahe der Grenze nach Bangladesch anzugehen, brachen wir Anfang Januar morgens wie gewohnt in Varanasi auf und stürzten uns in den wahnsinnigen Verkehr. Kurz nachdem wir die nördliche Gangesbrücke in Varanasi überquert hatten, wurden wir bei einem der unzähligen riskanten Überholmanöver eines Jeeps an den vorderen Radtaschen gerempelt, der Lenker wurde komplett verrissen, ich versuchte noch gegenzusteuern, aber leider konnten wir uns nicht mehr fangen. Voller Wucht kollidierten wir linksseitig-frontal mit einem entgegenkommenden Pickup. Bei dem heftigen Aufprall meiner Schulter auf die Windschutzscheibe zerbracht diese und wir stürzten mit unserem vollgepackten Rad gemeinsam in den Scherbenhaufen. Voller Adrenalin schafften wir es zum Glück, schnell von dieser gefährlichen Straße aufzustehen und uns an den Straßenrand zu begeben. Nette Inder halfen vor Ort, das Tandem beiseite zu schieben. Wir konnten nicht ganz realisieren, was grade geschehen war und dennoch war uns das Ausmaß des Schadens innerhalb von Sekunden bewusst. Ich hatte mir, was optisch nicht zu übersehen war, das linke Schlüsselbein gebrochen und hatte Schwierigkeiten, bei den starken Schmerzen meinen

Kreislauf aufrecht zu halten. Nachdem der erste Schock vorüber war, konnte Viola, die zum Glück hinten auf dem Tandem erstmal nur mit starken Prellungen davonkam, im Rahmen des Möglichen erste Hilfe leisten und mich bis zum Eintreffen des „Krankenwagens" unterstützen. Hier lag ich nun auf unserer von Viola geistesgegenwärtig hervorgezauberten Rettungsfolie im Dreck und Müll am Straßenrand, während ein penetranter Aasgeruch um uns wehte. Wir waren geschockt und konnten nicht begreifen, was sich gerade ereignet hatte. Ohne irgendeinen Fehler begangen zu haben, hatte uns ein rücksichtsloser Jeepfahrer unsere Pläne und Gesundheit zerstört. Unsere Reise, wie sie seit Jahren geplant war, würden wir nicht fortsetzen können, wenn es überhaupt weiterginge. Viele Dinge gingen uns durch den Kopf, doch schnell funktionierten wir und begaben uns an die Mammutaufgabe, diese schwierige Situation zu meistern und einen Weg heraus aus unserer Lage zu finden.

Unmittelbar nach dem Unfall im Dreck am Straßenrand.

Die Organisation von Krankenwagen, Tandem abschleppen und Unfallstelle räumen übernahm zum Glück ein zufällig anwesender Polizist, der sogar einige Brocken Englisch sprach. Wir machten uns mit dem Krankenwagen, der neben einer Sauerstoffflasche über keinerlei Ausrüstung verfügte, auf den Weg und erreichten nach fast zwei Stunden etwas, das sich Hospital nannte. Während der Fahrt erfolgte, da wir gefordert hatten, in das beste Privatkrankenhaus Varanasis gebracht zu werden, ein Umstieg in die „private ambulance", die ein normaler kleiner PKW war, der nicht einmal genug Platz hatte, um unsere Taschen im Kofferraum zu verstauen. Daher mussten wir einige der Taschen auf unseren Schoß nehmen. Nach einer endlosen und sehr schmerzgeplagten Fahrt erreichten wir endlich das „Privatkrankenhaus", das eher einer Tiefgarage ähnelte, in der statt Autos Patienten geparkt wurden. Was nun folgte, übertraf unsere schlimmsten Befürchtungen, vor allem, wenn man als in Europa ausgebildeter Arzt die Grundlagen der Hygiene und ihre immense Bedeutung gelernt hat.

Ich am Eingang zum „Krankenhaus".

Wir sagten dem Arzt die Diagnose des verschobenen Schlüsselbeinbruchs. Er fragte, woher wir das wissen wollten, woraufhin ich ihm meine Schulter zeigte und auch er schnell überzeugt war. Obwohl wir gerade ein Hochrasanztrauma hinter uns hatten, wurde keinerlei körperliche Untersuchung durchgeführt und Viola, die genauso in den Unfall verwickelt war, wurde keinerlei Beachtung zuteil. Unvorstellbar wäre für uns die Lösung der Situation gewesen, wäre auch Viola ernsthaft verletzt gewesen. Es folgte eine Fahrt zu einer „Röntgenpraxis", wo unter besonderen Umständen Bilder von der Fraktur angefertigt wurden, während eine wartende Patientin direkt unter dem Röntgengerät lag, um ein paar Extrastrahlen einzusammeln. Die Aufnahme zeigte eine Spiralfraktur, und die Bruchenden waren deutlich ineinandergeschoben. Dies bedeutete also, dass eine operative Korrektur notwendig war. Nach Rücksprache mit einem befreundeten Unfallchirurgen, der auch der Meinung war, dass es besser wäre, den Bruch operativ zu versorgen, erfolgte bei gegebener Indikation unter prekären hygienischen Zuständen noch am gleichen Abend eine OP und meine Fraktur wurde mit einer Platte versorgt. Hätte ich allerdings zuvor den Raum, in dem die Operation durchgeführt wurde, gesehen, so hätte ich dem Eingriff niemals zugestimmt.

Das Ausmaß der hygienischen Unzulänglichkeiten erreichte ein unvorstellbares Maß, das wir uns in unseren schlimmsten Träumen nicht ausmalen konnten, bevor ich sie am eigenen Leib erfuhr. In dem neuen Wissen über die Zustände an diesem Ort bereute ich es schon direkt nach der OP, dem Eingriff zugestimmt zu haben, aber zu dem Zeitpunkt, als ich zugestimmt hatte, war uns das Ausmaß der hygienischen „No-Gos" noch nicht bekannt, den „OP" hatte ich noch nicht gesehen und eine Flugreise nach Deutschland mit dem Gepäck, unserem Tandem und den starken Schmerzen war nicht vorstellbar. Zusätzlich wollten wir es nicht direkt akzeptieren, dass unsere so bereichernde Reise, die wir über so lange Zeit geplant hatten, mit diesem Unfall nun zu Ende sein sollte. „Glücklicherweise" erfolgte die Operation in Regionalanästhesie. Das bedeutet, dass mit Spritze und einem Betäubungsmittel am Hals die aus dem Rückenmark kommenden Nerven betäubt wurden und ich damit während des Eingriffes jederzeit bei vollem Bewusstsein war. Der Vorteil daraus war, dass die Risiken einer Vollnarkose nicht bestanden, die mir unter diesen Umständen unkalkulierbar erschienen, und dass die Hoffnung bestand, die Ärzte würden sich mehr Mühe geben, wenn sie wüssten, dass der Patient bei Bewusstsein ist und mitbekommt, was sie tun und dazu wissen, dass ich selbst Arzt bin. Der „Nachteil" dabei war, dass ich die gesamte OP direkt neben meinem Kopf miterlebte.

Der OP bestand aus einer alten Lederliege, einem Licht und zwei Ventilatoren an der Decke sowie den obligatorisch umherschwirrenden Moskitos. Der dazu gerufene Anästhesist setzte mit seiner Lederjacke, aber wenigstens sterilen Handschuhen mit freier Hand die Nervenblockaden, indem er rabiat, aber gekonnt eine lange Nadel immer wieder in meinem Hals versenkte. Schockiert erkannte ich nach einiger Zeit, dass es in dem Krankenhaus nicht einmal Händedesinfektionsmittel gab. Es war unvorstellbar, in Europa unter diesen Bedingungen eine Operation durchzuführen. Ich hoffte, dass sie sich wenigstens die Hände mit Seife gewaschen hatten, und ein kleiner Lichtblick war die Existenz eines Pulsoximeters, das den Puls und die Sauerstoffsättigung am Finger misst und dazu gab es ein Blutdruckmessgerät. Etwa eine Stunde dauerte der Eingriff, während dem ich spürte, wie meine Haut aufgeschnitten wurde, hörte, wie der Knochen meines Schlüsselbeins freigekratzt wurde, wie die Enden wieder aneinandergerückt, wie die Löcher für die Schrauben gebohrt und schließlich die Platte mit zehn Schrauben fixiert wurde. Mit einer schlecht zusammengenähten Wunde verließ ich den „Raum des Schreckens" und konnte die davor wartende Viola wieder in den Arm nehmen. In der Zwischenzeit hatte Viola unser Moskitonetz über mein kleines Bett gehängt, um vor den Moskitos geschützt zu sein. Da es auch hier unten im Keller ohne Heizung kalt war, zogen wir alles an Kleidung an, was wir hatten, krochen gemeinsam unter das Mückennetz und verbrachten uns gegenseitig wärmend eine ziemlich schmerzhafte und fürchterliche Nacht auf der harten Holzpritsche.

Am nächsten Morgen wurde die vorsorgliche Antibiotikatherapie über die Vene fortgeführt. Als wir sahen, was für einen Cocktail an Antibiotika ich hier erhielt, wurde uns ganz anders, denn diese Mittel waren teils Reserveantibiotika, die nur im Falle von schweren Resistenzen eingesetzt werden. Hier aber wurden sie einfach so als Prophylaxe gegeben. Wir widersprachen nicht, da wir wussten, dass Indien der wohl weltweit ungünstigste Platz für eine Wundinfektion ist. Aufgrund des massenhaften, sorglosen Gebrauchs von Antibiotika und der ungeklärten Einleitung von Antibiotikaabfällen der Pharmaindustrie in natürliche Flüsse und Seen war hier ein gefährliches Milieu mit potentiell lebensbedrohlichen und aufgrund ihrer multiplen Resistenzen untherapierbaren Bakterienkulturen entstanden. Was wir auch wussten, war, dass bei der Zubereitung der Infusionen schwere hygienische Fehler begangen wurden. Als Beispiel sei zu nennen, dass es weiterhin kein Händedesinfektionsmittel gab und wir daher unseren eigenen Desinfektionsmittelspender auf den Nachttisch stellten und das Personal anhielten, sich doch bitte die Hände zu desinfizieren, bevor sie mit derselben Nadel die verschiedensten Antibiosen anmischten und zwischendurch auch mal in unser Moskitonetz stachen. Egal, Nadel sah ja noch sauber aus. Diese Umstände, zusammen mit dem harten Bett, das unsere durch das Trauma des Unfalls schmerzenden Körper weiter quälte, machten uns klar, dass wir hier nicht bleiben sollten. Daraufhin lud uns einer der Ärzte, Shashi, der eigentlich Onkologe war und mit seinen 28 Jahren schon zusammen mit seinem Bruder Inhaber dieser Einrichtung war, ein, bei ihm zuhause zu schlafen. Wir nahmen das Angebot an und verbrachten eine Nacht in seinem immerhin großen, wenn auch fast genauso harten Bett, nachdem wir 15 Moskitos getötet und uns gut mit Anti-Moskito-Spray eingesprüht hatten.

Am zweiten Tag nach unserem Unfall sollte die Röntgenkontrolle stattfinden, um zu kontrollieren, ob die Platte korrekt eingesetzt worden war, und auch die erste Wundkontrolle stand an. Wir waren früh ins „Krankenhaus" zurückgekehrt, um die wichtigen zeitlichen Abstände zwischen den Antibiotikagaben einhalten zu können. Aufgrund der schlechten Hygiene hatte sich die Vene, in dem der Zugang in meinem Arm lag, entzündet und der Zugang war verstopft. Also musste ein neuer gelegt werden, aber dazu waren die Krankenpfleger und -pflegerinnen nicht in der Lage. Als Sportler hatte ich eigentlich perfekte Venen, um einfach und sicher einen Zugang zu legen. Nach fünf vergeblichen und teils ziemlich schmerzhaften Versuchen hatte ich genug und ließ nur noch Viola an meinen Arm, die es dann auch bewerkstelligte, mir einen neuen Zugang zu legen, um endlich die Antibiosen geben zu können.

Dies war nur ein Sinnbild dessen, was alles nicht gut lief. Wir mussten selbst zusehen, dass die Röntgen- und Wundkontrolle stattfand. Als ich nachfragte, wann es endlich losginge, kam kurze Zeit später jemand mit Motorradhelm (Wow, ein Helm immerhin) ans Krankenbett, um mich hinten auf seinem Motorrad mit dem frisch operierten Schlüsselbein zur Röntgenkontrolle durch den indischen Verkehr zu fahren. Viola konnte es kaum glauben. Nach weiterer Wartezeit konnte ich schlussendlich doch noch mit dem frisch reparierten Auto zur fast einen Kilometer entfernten Röntgenkontrolle gebracht werden. Unklar blieb uns bis heute, weshalb es nicht möglich gewesen war, unseren Vorschlag, zu Fuß dorthin zu gehen, anzunehmen. Und weiter ging es. Obwohl alles klar kommuniziert war, dauerte es später Stunden, während der wir in Begleitung der Geckos an den Wänden unten im Keller darauf warteten, dass uns das zugesagte Auto zu unserem gebuchten Hotel fahren würde. Der Abend endete damit, dass wir schlussendlich ein Taxi selbst bestellten und nach eineinhalb Stunden im Stau im ganze acht Kilometer entfernten Hotel ankamen. Wir würden die weitere Therapie selbst durchführen, denn aufgrund der untragbaren hygienischen Zustände in dem „Krankenhaus" konnten wir es nicht verantworten, dort länger als irgendwie nötig zu bleiben und uns weiteren gesundheitlichen Risiken auszusetzen.

19.1 Akzeptieren, gestalten und weiter geht's

Im Hotel angekommen, ging es mir sehr miserabel und ich fieberte in der Nacht auf. Sehr besorgt darüber, wie sich meine Gesundheit weiterentwickeln würde, schliefen wir irgendwann in der Nacht erschöpft ein. Viola improvisierte einmal wieder kreativ und baute aus unseren Zeltstangen einen Infusionsständer. Einen kleinen Schock überwanden wir nochmals, als wir entdeckten, dass der Infusionsschlauch, der uns aus dem Krankenhaus mitgegeben worden war, einfach unsteril in der übriggebliebenen Tüte eines Mundschutzes verpackt und mit einem Stück Tape verschlossen worden war. Wir wollten nicht wissen, wo die ersten Infusionssysteme, über die ich meine Infusionen erhalten hatte, hergekommen waren und wie häufig sie schon wiederverwendet wurden. Zum Glück hatten wir noch eigene dabei, die wirklich steril verpackt waren.

Am nächsten Morgen ging es mir glücklicherweise wieder besser und wir begannen, unsere Lage und unsere Lösungsoptionen abzuwägen. Vermutlich würde ich erst in etwa fünf bis sechs Wochen wieder in der Lage sein, das Tandem zu steuern. Vorher lief aber schon unser Indienvisum aus. Einfach Plätze auf dem Tandem zu tauschen war auch nicht möglich, denn in dem Wahnsinnsverkehr musste das Tandem auf den Zentimeter genau beherrscht werden können. Dazu war es fraglich, ob ich in den nächsten Wochen überhaupt ein Fahrrad besteigen sollte. Die einzige Möglichkeit, die blieb, war, aus Indien herauszufliegen, denn aufgrund der Verletzung konnte ich nichts tragen und somit auch weder Tandem noch Taschen in einen überfüllten indischen Zug heben.

Das erste halbe Jahr unserer Reise war eine große Bereicherung für uns gewesen und wir haben niemals bereut, losgefahren zu sein und auch nicht, nach Indien gereist zu sein. Wir waren nicht bereit, aufgrund der Verletzung nun die gesamte Reise abzubrechen, auch wenn sie schon bis hierher lohnenswert gewesen war. Aber dennoch mussten wir an einen Ort, an dem im Falle von aufgrund der hygienischen Umstände nicht unwahrscheinlich eintretenden Komplikationen eine gute medizinische Versorgung gegeben war. Wir hatten geplant, nach dem Erreichen Singapurs am Ende unserer Reise nach Neuseeland zu reisen, um dort, wenn genügend Zeit bliebe, Violas Schwester zu besuchen, die ich bislang nur über Skype kennengelernt hatte. Und immerhin hatten wir in etwa die Hälfte der Strecke von Deutschland bis Neuseeland schon hinter uns, sodass auch weniger Flugkilometer zusammenkommen würden. Wir sahen darin die beste Lösung unserer schwierigen Situation und entschieden uns, diesen Teil der Reise nun vorzuziehen und organisierten unseren komplizierten Transport von Varanasi im Norden Indiens nach Neuseeland.

Der Unfall war Teil unserer Reise und trotz all der Schwierigkeiten und Sorgen, die er verursachte, so lernten wir auch, dass wir uns zu einhundert Prozent aufeinander verlassen konnten. Wir wussten nun, dass wir selbst in psychisch sehr belastenden Situationen funktionierten und wuchsen charakterlich an dieser Prüfung. Und nun würden wir das beste aus der Situation machen. Anstatt nur das zu sehen, was wir durch den Unfall verpassen würden, sahen wir auch die Chance, nun überhaupt nach Neuseeland zu kommen, und selbst wenn wir es wie geplant nach Singapur geschafft hätten, so hatten wir nun deutlich mehr Zeit, dieses faszinierende Land zu bereisen. Und als weiteren Vorteil würden wir nun Neuseeland im Sommer anstatt im Winter kennenlernen. In jedem Verlust steckte auch ein Gewinn, wir mussten ihn nur finden und dann auch ergreifen.

So sah unsere Reiseroute bis zur erzwungenen Planänderung nach knapp 9.000 km und gut fünf Monaten auf dem Rad aus.

Wir wussten, dass uns eine sehr anstrengende Reise bevorstünde. Doch dafür musste zuerst noch das Tandem vom Krankenhaus abgeholt werden, ebenso wie die medizinischen Unterlagen, um sie bei unserer Auslandsreisekrankenversicherung einzureichen. Viola hatte in den letzten Tagen vieles kompensiert, beim Duschen geholfen und mich unterstützt, wo es nötig war. Beim Gedanken, sich nun aber wieder in den indischen Verkehr zu stürzen, um dann am Krankenhaus zu erfahren, dass entgegen der Versprechungen nichts würde vorbereitet sein und auch der Transport des

Tandems viel Geduld und Improvisation verlangen würde, konnte sie nicht mehr. Da es mir zum Glück zusehends wieder besser ging, konnte ich einspringen, und ich machte mich mit einer Rikscha (sie war immerhin elektrisch) auf den Weg. Am Krankenhaus angekommen, verlief alles erwartungsgemäß. Nichts war wie erwartet vorbereitet. In weiser Vorahnung hatte ich selbst meinen Arztbrief geschrieben, in dem Bewusstsein, dass sowohl die Versicherung als auch im Falle von eintretenden Komplikationen nachbehandelnde Ärzte diesen benötigten. Erfreut über die Arbeitsabnahme wurde der Brief in einer englischen und einer deutschen Version unterschrieben und gestempelt, während acht Angestellte interessiert, aber nichts tuend neugierig um den Tisch standen. Indien pur. Viola war froh, als ich irgendwann wohlbehalten samt Tandem am Hotel auftauchte. Kleines Sahnehäubchen: Auf dem Weg dorthin war ich noch mit dem Pickup, der unser Tandem transportierte, in einem gigantischen Schlagloch stecken geblieben, sodass wir über knapp zehn Minuten unseren eigenen Beitrag zum immerwährenden Stau dieser Stadt leisteten.

Am Hotel bauten Viola und ich das Tandem auseinander und reinigten es mit Lappen und Zahnbürste gründlich, denn Neuseeland ist aufgrund des notwendigen Schutzes seiner besonderen Fauna und Flora sehr penibel, wenn es um die Einfuhr von Outdoorartikeln geht. Als wir unser Tandem mit seinem vom Unfall zerbrochenen Schalthebel in die von Viola an den Tagen zuvor organisierten Kartons verstaut hatten, konnte es losgehen. Wir lösten das Problem, ein solch riesiges Paket bis zum Flughafen zu schaffen, indem wir den hoteleigenen Minibus mieteten.

Am Flughafen in Varanasi angekommen, verlief soweit alles gut. Lediglich, dass wir 150 Euro für unser Tandem auf dem einstündigen Flug nach Kalkutta extra bezahlen mussten, wurmte uns. Aber dies sollte noch das kleinste der auf uns wartenden Probleme auf unserer fast fünfzig Stunden dauernden Reise werden. Mit zwei Stunden Verspätung erreichten wir mitten in der Nacht Kalkutta, und - wie hätte es auch anders sein sollen - unser Tandem kam nicht am Sperrgepäckschalter an. Da es günstiger war, hatten wir einzelne Flüge gebucht, was aber auch bedeutete, dass wir unsere Gepäckstücke in Kalkutta und Singapur würden abholen und erneut einchecken müssen. Dazu kam die Unsicherheit mit meiner elektronischen

Reisegenehmigung für Neuseeland. Zeitgleich hatten wir den Antrag gestellt und Viola hatte wenige Minuten später die Bestätigung erhalten, dass sie einreisen dürfe. Meine Bestätigung aber ließ auf sich warten. Die maximal mögliche Zeit, die das Verfahren dauern sollte, waren 72 Stunden und diese würden etwa zwei Stunden bevor ich in Singapur das Flugzeug Richtung Neuseeland besteigen würde, ablaufen. Damit sollte eigentlich alles gutgehen, aber nachts in Kalkutta am Flughafen mit verschollenem Tandem nagte diese Unsicherheit zusätzlich an unseren Nerven. Und nicht zu vergessen war die immer noch ordentlich schmerzende Schulter.

Nach weiteren zwei Stunden am Sperrgepäckschalter gab es Hoffnung, denn angeblich sollte unser Tandem aufgrund seiner Größe versehentlich im Cargobereich des Flughafens gelandet sein. Und tatsächlich tauchte einige Zeit später unser Tandem auf. Dank weiser Voraussicht, dass in Indien Dinge, die schief gehen können, auch sehr gerne schief gehen, hatten wir genügend Zeit in Kalkutta eingeplant und konnten uns so auf den Weg zum erneuten Einchecken machen. Wieder um einige Euros leichter, ging es am frühen Morgen ohne Schlaf auf nach Singapur. Bei all dem Stress gönnte sich Viola noch ein Sandwich am Flughafen, bevor wir Indien verließen.

Es war traurig, nun unter diesen Umständen Singapur beim Landeanflug unter sich zu sehen. Übermüdet und mit Schmerzen warteten wir den Tag über, dass unser „Check-in-Schalter" geöffnet würde, damit wir endlich für den letzten Abschnitt einchecken konnten. Am Flughafen angekommen, loggten wir uns angespannt in das Internet des Flughafens ein und schauten auf den Status meiner Reisegenehmigung. Ein "granted" hinter meinem Einreisestatus löste kurzzeitig einen Freudenjubel aus. Diese Sorge hatten wir nun wenigstens nicht mehr. Während der Wartezeit versuchten wir, wenigstens ein Bisschen von dem einzigartigen Flughafen zu profitieren. So wurde unter anderem eine riesige, durch eine Glaskuppel überspannte Halle geschaffen, in der in der Mitte ein riesiger kreisrunder Wasserfall über 40 Meter in die Tiefe stürzt und der mit seiner Gischt die gewaltigen Pflanzenanlagen drumherum in einen tropischen Nebel hüllt. Die Pflanzen in diesem riesigen Tropenhaus sind riesig, und dank vieler kleiner Gänge und Treppen können die wartenden Passagiere hier in einem ganz besonderen Klima entspannen. Glücklicherweise standen wir direkt mit Schalteröffnung vor der Dame, die uns einchecken sollte. Die Frage, ob wir eine elektronische Reisegenehmigung hätten konnten wir seit kurzem mit "ja" beantworten. Die nächste Frage aber traf uns unerwartet. "Do you have an onward travel approval?" Nein, wir hatten unter all den Problemen, die wir in den letzten Tagen zu lösen hatten, nicht bemerkt, dass wir ein Rückflugticket schon bei Einreise vorzeigen mussten. Ohne dieses konnten wir das Flugzeug aber nicht besteigen. Uns blieben noch gut drei Stunden bis zum Abflug und so machten wir uns auf dem Boden des Flughafens sitzend daran, übermüdet und unter großem Druck, zwei Rückflugtickets zu buchen. Dazu kam, dass wir unser Reisekonto durch die gerade erst gebuchten Flüge nach Neuseeland und die Krankenhauskosten ziemlich ausgereizt hatten, aktuell fehlte uns das Geld, um den Rückflug buchen zu können. Hier sprang dann zum Glück spontan meine Familie aus Deutschland ein und wir schafften es, rechtzeitig vor Abflug die Flugtickets am Schalter zu präsentieren, um dann tief erschöpft ins Flugzeug zu steigen und die letzte Etappe in Angriff zu nehmen.

20 Neuseeland

Wie sich Bilbo Beutlin gefühlt haben muss, als er nach seinen Abenteuern zurück ins Auenland kam, konnten wir uns nach unserer Ankunft in Neuseeland gut vorstellen. Wir waren nach der Landung an einen super freundlichen und interessierten Polizisten geraten und nach Inspektion unseres Zeltes, ob auch alles schön sauber sei, wurden wir von Maja, Violas älterer Schwester, und Matt, ihrem Mann, empfangen. Mit dabei war die neugeborene Lillith, während ihre beiden älteren Geschwister bei Verwandten untergebracht waren. Wir verließen wie erlöst das saubere und ruhige Flughafengebäude. Wir hatten es geschafft, ein riesiger Stein fiel uns vom Herzen. Wie im Traum nahmen wir vor allem eines wahr: nichts. Es war ein lauer Sommertag, eine leichte Brise wehte und es war still. Keinerlei Geräusche waren hier in der Nähe von Queenstown zu hören. Die Stadt lag idyllisch zwischen den Bergen und weder war ein Hupen zu hören, noch stank es nach irgendetwas. Es duftete nur leicht nach Blüten und die Luft war erstmals seit Wochen wieder so klar, dass man nahezu unendlich weit sehen konnte. Die Straßen und die Landschaft waren sauber, nirgends sahen wir Müll, nicht einmal brennende Mülldeponien, und die überall anwesenden Kühe und Straßenhunde waren durch friedlich grasende Schafsherden ersetzt worden.

Unser Tandem kam mit uns in Neuseeland an, zusammen mit einem rosa Einhorn.

In den folgenden drei Wochen wohnten wir bei Maja in Invercargill, der südlichsten Stadt Neuseelands, und verarbeiteten unseren Kulturschock rückwärts. Wir lernten die drei Kinder kennen, bauten uns für diese Zeit einen Alltag auf, in dem Viola an ihrer Dissertation arbeitete und ich begann, dieses Buch zu schreiben. Dazu setzte ich mich täglich in den nahegelegenen „Queens-Park", der wirklich riesig und eigentlich viel zu perfekt war. Die Umstellung zurück in ein solch komplikationsloses Leben, in dem alles verfügbar war, fiel uns anfangs nicht leicht und wir drohten, trotz der riesigen Erleichterung, endlich in medizinischer „Sicherheit" zu sein, in eine Art „Post-Reise-Depression" zu verfallen.

Einmal holte uns Indien aber doch noch ein. Während wir erschöpft im Flugzeug nach Neuseeland saßen, begann es in Violas Bauch zu rumoren. Fast hätten wir es entgegen aller Prophezeiungen von anderen Indienreisenden geschafft, dieses Land ohne Durchfallerkrankung hinter uns zu lassen. In letzter Minute schlug aber Montezumas Rache zu und für einige Tage quälten Bauchschmerzen Viola und einige Tage später auch mich. Ob die Infektionsquelle im Frühstücksbuffet im indischen Hotel oder aber in Violas Sandwich am Flughafen in Kalkutta oder Singapur zu finden war, wussten wir nicht, aber nach einer Woche war mit dem Verschwinden der Beschwerden das Kapitel Indien endgültig abgeschlossen.

Kulturschock rückwärts: Wir am sauberen, ruhigen Strand am Südende Neuseelands.

Meine Wunde zeigte keine Infektionszeichen und so zog Viola zwei Wochen nach der Operation die Fäden. Da die Wunde aber schlecht vernäht worden war und auf einer Seite der Wundrand den anderen deutlich überlappte, klaffte die Wunde an zwei Stellen wieder auf, sodass sich die Wundheilung nochmals um einige Wochen verzögerte. Ansonsten aber lief die Heilung erwartungsgemäß ab, sodass wir uns an die Reparatur des Tandems machten.

Nach dem Flug war eines der Kettenblätter verbogen, was wir aber mit Hilfe eines Hammers und einer Zange richten konnten. Auch die Achten der Laufräder konnte ich dank des Trainings während der Zeit der Speichenbrüche wieder zentrieren. Ironischerweise hatten wir über den Flug unseren ersten Platten der gesamten Reise erlitten. Ein spitzer Metallsplitter hatte sich vermutlich über lange Zeit durch unseren Mantel gearbeitet und war von außen nicht mehr sichtbar. Als wir beim Verpacken unseres Tandems die Luft aus den Reifen ließen, hatte sich wohl der Splitter aus seinem kleinen Loch gezogen und verschloss dieses nicht mehr, sodass der Schlauch nun Luft verlor. Nach rund 9.000 Kilometern kam es also dazu, dass ich endlich die Masse an mitgenommenem Flickzeug nutzen konnte, um das Loch zu flicken. Den gebrochenen Schalthebel bestellten wir nach einiger Suche im Internet. Als das Paket nach einer Woche eintraf, war die Ernüchterung leider groß, denn sie hatten anstelle des bestellten Dreifachschalters einen Zweifachschalter geliefert. Frustriert kauften wir das teure Ersatzteil in einem Radladen der Stadt und konnten nun langsam wieder auf dem Tandem erste Proberunden drehen, um uns auf unsere geplante Radtour vom Südzipfel der Südinsel bis an den Nordzipfel der Nordinsel vorzubereiten.

Auf einer der Probefahrten lernte ich Jan aus Belgien auf einer Landstraße kennen. Jan war Anfang 30 und begann gerade seine Radreise in Neuseeland, um nach drei Monaten in die USA überzusetzen und sie von West nach Ost mit dem Rad zu durchqueren. Wie das Schicksal es wollte, so sollten wir uns nicht das letzte Mal gesehen haben und er seine Reise schon einige Wochen nach dem Start abbrechen müssen.

20.1 Die Südinsel

Mit dem Tag unserer Abreise begann ein neuer und gleichzeitig der letzte Abschnitt unserer Reise. Wir waren beide etwas verunsichert, wie es uns gehen würde, denn im Vergleich mit den von uns zuvor bereisten Ländern war Neuseeland sehr gewohnt westlich-europäisch und unkompliziert zu bereisen, fast schon ein wenig langweilig. Außerdem war uns nicht klar, ob wir nach dem Trauma durch unseren Unfall wieder unbeschwert würden mit unserem Tandem reisen können und die positiven Dinge sehen würden, oder ob uns aus Angst vor einem erneuten Unfall der Spaß verdorben würde. Der Abschied von Maja und ihrer Familie fiel uns nicht leicht, denn über drei Wochen hatten wir uns bei ihr eine Art neuen Alltag aufgebaut. Dennoch spürten wir schon nach wenigen Metern, dass sich unsere Körper und unser Geist freuten, endlich wieder unterwegs zu sein und durch die fast menschenleeren Weiten Neuseelands zu radeln. Unsere Reiseroute hatten wir noch immer nicht genau geplant, doch wollten wir auf jeden Fall Queenstown, das Outdoor-Mekka Neuseelands, den Mount Cook, Neuseelands höchsten Berg, und den Lake Tekapo, einen der großen Gletscherseen, besuchen. Alles andere würde sich zu seiner Zeit ergeben.

Wir gewöhnten uns mit jeder Stunde auf dem Tandem wieder daran, auf uns und unser Rad zu vertrauen, auch wenn dies für Viola deutlich schwieriger war. Da sie weiterhin hinten saß, musste sie erst wieder lernen, dem Rad und auch mir zu vertrauen. Dies klappte eigentlich gut, bis das erste Auto mit 100km/h mit nur etwa 20 Zentimetern Abstand an uns vorbeiraste und wir beide einen riesen Schock erlitten. Sofort war die Unsicherheit wieder da, denn die Straßen Neuseelands sind zwar insgesamt wenig befahren, dafür aber auch sehr eng und besitzen meist weder einen

Radweg noch einen Seitenstreifen. Dazu kam, dass die meisten Fahrzeuge noch einen Hänger haben oder es gleich LKW, Busse und massenhaft Wohnmobile sind, in denen oftmals unerfahrene Touristen sitzen, die wenig Erfahrung mit einem gemieteten Camper und seinen Ausmaßen haben. Wir wurden also kreativ und pflückten Schilfbüschel, um diese als Abstandshalter, zusätzlich zu unserer Abstandskelle hinten, an unserem Tandem an den vorderen Gepäcktaschen zu befestigen. Es war Mitte Februar 2020, als wir ganz im Süden Neuseelands starteten, und das Wetter war recht kühl, aber noch gerade richtig zum Radreisen. Nach viel Regen in Invercargill sollte uns der Regen über die nächsten Wochen kaum Probleme machen, dafür aber umso mehr ein Virus, der vor wenigen Wochen in China ausgebrochen war. Wir aber waren weit weg von allem und radelten unbeschwert durch die einsame, abwechslungsreiche Landschaft und kämpften nur gegen den oft starken Gegenwind.

Die erste Nacht verbrachten wir auf einem Campingplatz der uns nach Indien unerwartete Möglichkeiten bot. Neben WLAN und einer Dusche gab es Aufenthaltsräume und eine Küche, in der sogar ein Backofen vorhanden war. Allerdings hielten wir die 25 Neuseelanddollar für unsere Zeltübernachtung für recht teuer. Abends sprach uns ein schweizer Paar an, das aktuell mit einem Auto unterwegs war, ansonsten aber auch mit dem Rad Neuseeland bereiste. Andi und Patrizia hatten uns während des Tages mit dem Auto überholt und waren begeistert von unserem Reisegefährt. Die beiden waren sehr sympathisch und wir hofften, dass wir ihnen im Laufe der nächsten Wochen noch einmal begegnen würden.

Am nächsten Tag machten wir uns auf den Weg nach Manapouri und Te Anau am Rande des riesigen Fjordland-Nationalparks, von wo aus die Touren hin zum Milford-Sound, einem einzigartigen Fjordsystem, starteten. Wenigstens normalerweise, denn als wir dort ankamen, war der einzige Zufahrtsweg durch das Gebirge aufgrund des starken Regens der vergangenen Wochen weggespült und der Milfordsound damit unerreichbar. Auf dem Weg dorthin kamen wir an den Clifton-Höhlen vorbei, die ein weitverzweigtes Höhlensystem bilden, durch welches man klettern kann. Wir suchten unsere Kopflampen heraus und tauchten in das Dunkel der Höhle ein. Schnell wurde der Gang immer enger und einige Male mussten wir uns durch kleine Löcher zwängen, um weiter in die Tiefe der Höhle zu gelangen. An mehreren Stellen, an denen sich die Höhle zu großen Räumen erweiterte, sahen wir einen grünlich leuchtenden Sternenhimmel über uns. Es waren hunderte von Glühwürmern, die mit Hilfe ihrer Klebefäden und durch ihr Leuchtorgan angelockte Insekten fraßen.

Kurz vor unserem Tagesziel holten wir einen anderen Radreisenden ein, es war Jan. In Te Anau stellten wir mit Schrecken fest, dass die Campingplätze hier mit mindestens 50 Neuseelanddollar doppelt so teuer waren wie bei unserer ersten Übernachtung und wir uns wohl daran gewöhnen mussten, dass eine Zeltübernachtung mit rund 30 Euro ein Vielfaches einer Hotelübernachtung in Indien kosten würde. Zusammen mit Jan zelteten wir auf einem schönen Platz direkt an einem der riesigen, von hohen Bergen umgebenen Seen und wanderten am nächsten Tag bei vorausgesagtem Regen einen Teil des „Kepler-Tracks", der zu den „Great walks", einer Auswahl an besonders schönen Wanderwegen in Neuseeland, gehörte. Trotz des Dauerregens sahen wir erstmals, weshalb Neuseeland so viele Menschen begeistert. Der Weg führte durch einen dichten Regenwald, der fast vollständig mit Moosen bedeckt war und wo immer wieder riesige Farnbäume das Gefühl vermittelten, wir würden durch einen uralten Wald aus Zeiten der Dinosaurier wandern.

Neuseeland pur: unendliche menschenleere wolkenverhangene Weiten am Lake Manapouri auf dem Kepler-Track.

Während Jan noch einige Tage bleiben wollte, machten wir uns auf den Weg in Richtung Queenstown, dem Outdoor-Mekka der Südinsel. Durch einsame, nur von Schafherden bevölkerte Hügel- und Berglandschaften, die im Spätsommer in einem gelbgoldenen Grasmantel schimmerten, fuhren wir nach Norden und trafen auf einem kleinen Campingplatz in einem einsamen Flusstal Mark, einen Familienvater und Goldschmied aus Berlin. Er hatte sich ein halbes Jahr Auszeit genommen und war nun schon seit über vier Monaten auf der Südinsel unterwegs, vor allem auf Wanderwegen, wo er über viele Tage keine anderen Menschen traf. Dazu führte er uns ein wenig in seine Leidenschaft, das Fliegenfischen, ein und zeigte uns seine selbstgebauten Fliegen. Wir genossen den Austausch mit ihm und badeten bei fehlenden Duschen im kristallklaren, kalten, dahinströmenden Wasser des idyllischen Flusses und fühlten erstmals die pure Natur Neuseelands.

Auf der Suche nach einer festen Unterkunft für unser Ziel Queenstown entdeckte Viola einen ausgebauten alten Bus, der in Arrowtown, einem alten Goldgräberdorf etwa 20 Kilometer von Queenstown entfernt, stand. So kam es, dass wir nach einer Etappe entlang eines Seeufers durch die Berge zwei Nächte sehr idyllisch in dem roten Bus direkt am Tal eines Baches wohnten, von wo aus wir nach wenigen Minuten entlang des Baches das urige, im Stile der Goldrauschzeit gehaltene Dorfzentrum erreichen konnten.

Während Viola den nächsten Tag zur Erholung nutzte, freute ich mich auf ein unvorhergesehenes Wiedersehen. Zwei Jahre bevor wir auf unsere Radreise aufgebrochen waren, hatte ich Romain, einen Physiotherapeuten aus Frankreich, über Couchsurfing bei mir für einige Tage im Süden der Schweiz aufgenommen. Seitdem war er mit seinem Rad unterwegs und hatte über Indien und Südostasien nun sein Endziel Neuseeland erreicht. Zufällig hatten wir nach fast einem Jahr wieder Kontakt, als wir und gleichzeitig auch er in Neuseeland ankamen, und nun würden wir uns nach fast drei Jahren in Queenstown wiedersehen. Ich fuhr mit dem Tandem morgens nach Queenstown und es war ein herzliches Wiedersehen. Gemeinsam wanderten wir auf den Gipfel des gut 1.800 Meter hohen „Ben Lommond" von wo aus wir einen faszinierenden Blick über die Gipfel der

Südalpen und den riesigen hellblauen See, an dessen Ufer Queenstown liegt, hatten. Wir tauschten uns über unsere Erlebnisse aus und waren froh, ein bekanntes Gesicht wiederzusehen, das dazu noch genau verstand, welche Mentalität und welche Probleme man als Radreisender über die Monate entwickelt und zu überwinden hat. Neben den schönen Erinnerungen an dieses Wiedersehen nahm ich auch einen Muskelkater von dieser Wanderung mit, der mich die nächsten fünf Tage begleiten sollte.

Treffen unter Radreisenden: Andi, Patrizia, wir, Peter und Karina, v.l.n.r..

Nach einem Besuch an einer alten Brücke, an der man Bungee springen konnte und Viola viele Jahre zuvor bereits einmal den Sprung in 40 Meter Tiefe gewagt hatte, fuhren wir über einen steilen Pass, der uns mit ständigem Gegenwind ärgerte, während wir uns durch die unendliche, menschenleere Graslandschaft bergan quälten, in die Kleinstadt Wanaka. Dort auf dem Campingplatz lernten wir ein sympathisches Paar aus Österreich kennen, das in ihren Fünfzigern beschlossen hatte, mindestens ein Jahr mit dem Rad die Welt zu bereisen, und nach Neuseeland wollten Karina und Peter die USA durchradeln. So war jedenfalls der Plan, bis das Ereignis eintrat, das die Pläne all der Langzeitreisenden, wie auch unsere eigenen, komplett durcheinanderwerfen sollte. Ebenfalls entdeckten wir voller Freude auf dem Campingplatz Andi und Patrizia aus der Schweiz wieder, die nun das Auto zurück gegen ihre Reiseräder getauscht hatten.

Während sie am nächsten Tag aus dreitausend Metern Höhe Fallschirm sprangen, wanderte Viola auf den Gipfel des rund 1.600 Meter hohen „Roys peak", von wo aus man einen fantastischen Blick über den riesigen und weit verzweigten, tiefblauen „Lake Wanaka" inmitten der Berge hat. Ich konnte sie nicht begleiten, denn noch immer litt ich unter meinem starken Muskelkater, sodass ich recht unbeholfen durch die Gegend humpelte.

Viola oben auf dem Gipfel des „Roys peak" mit atemberaubender Aussicht.

Im steilen Abstieg herab vom Gipfel knickte Viola mit ihrem Sprunggelenk um und hörte dabei ein unheilvolles Geräusch. Zum Glück schaffte sie es noch aus eigener Kraft, den Abstieg zu beenden, wo ich unten auf sie wartete. Es war klar, entweder sie hatte sich eine ordentliche Bänderdehnung zugezogen, oder aber ein Anteil des Außenbandes am Sprunggelenk war gerissen. Normalerweise bedeutet dies eine mehrwöchige Pause, wenigstens für Belastungen, bei denen eine erneute Gefahr für ein Umknicken besteht. Dies kam natürlich äußerst ungelegen aber tapfer wie sie war machte sie einfach weiter so, als sei nichts geschehen, und schon am nächsten Tag fuhren wir mit dem Rad über einen weiteren Pass und eine darauffolgende endlose Ebene, auf der uns natürlich wieder ein starker Gegenwind ausbremste, bis wir einen kleinen, erstmals kostenlosen Campingplatz erreichten. Es war kalt geworden und als wir morgens eingemummelt in unseren Schlafsäcken mit unseren Mützen tief ins Gesicht gezogen aufwachten meldete der Wetterbericht 4°C, was grenzwertig kalt für uns und unsere Sommerausrüstung war.

Wir hatten uns inzwischen dem zweiten unserer Ziele genährt, dem Mount Cook. Mit 3.724 Metern Höhe ist der „Aoraki", wie er in der Sprache der

Maori, den Ureinwohnern Neuseelands, die seit rund 700 Jahren auf der Insel wohnen, heißt, der höchste Berg des Landes. Aufgrund der nächtlichen Kälte und der Sprunggelenksverletzung entschieden wir uns, dass Viola in einem Hostel in Twizel bleiben würde, während ich mit Zelt weiterfuhr, um zwei Tage am Mount Cook zu wandern. Schon aus fast 100 Kilometern Entfernung sah ich den von Gletschern bedeckten, weißen Riesen am Horizont aufragen und es war ein wunderbar sonniger Tag mit strahlend blauem Himmel, als ich entlang des Ufers des „Lake Pukaki" dem Riesen entgegenradelte. Der „Lake Pukaki" ist ein riesiger Gletschersee, der durch feine Partikel vom Abrieb der Gletscher eine kaum vorstellbar intensive türkisblaue Farbe hat und an dessen Ufer entlang ich über 60 Kilometer die wunderbare Aussicht über See und Berge genoss.

Typische Landschaft der Südinsel im Spätsommer mit vor allem einem: Bergen, Gras und Nichts.

Kurz vor dem Zeltplatz, der unmittelbar am Fuße der gletscherbedeckten Berge lag, sah ich einen anderen Radreisenden vor mir und ich hielt an, als ich ihn erreicht hatte. Es war (ein anderer) Mark, aus Braunschweig, und vor über vier Jahren hatte er sich mit seinem Elektrorad, Solarzelle und Anhänger auf den Weg nach Asien gemacht, nachdem ihm das Leben mit seiner Arbeit als Ingenieur nicht mehr genug Sinn gab und sein Knie aufgrund von Verletzungen aus dem Motorradrennsport Probleme machte. Seine Reaktion, als er erfuhr, dass wir durch Indien gefahren waren,

Auf dem Weg in Richtung des Mount Cook entlang des blauen Gletschersees.

war „Oh mein Gott, bin ich froh, dass ich da raus bin", und dennoch hatte er einiges nach acht Monaten, die er dort verbracht hatte, mitgenommen. Wie ein Althippie, der sich gerne psychodelischer Substanzen bedient, sprach er in einem bemerkenswert langsamen Tempo und schien die Ruhe selbst zu sein. Er hatte gelernt, sich auf das Wesentliche zu konzentrieren und Zufriedenheit in sich selbst zu finden. Ich unterhielt mich lange mit ihm und ließ ihn sein Gepäck in meinem Vorzelt vor den Campingplatzkontrolleuren verstecken, denn Mark wollte nicht die 15 Neuseelanddollar für die Übernachtung zahlen. Ein Zelt hatte er gar nicht dabei, sondern schlief einfach unter einem kleinen Tarp auf seiner Jogamatte.

Die Stimmung am Mount Cook auf dem Campingplatz war super, viele junge Leute trafen sich hier und unternahmen Wanderungen. Am ersten Morgen brach ich dann früh auf und erreichte auf dem „Hooker Valley-Track" nach gut einer Stunde einfacher Wanderung einen Gletschersee, der direkt aus dem Gletscher des Mount Cook entsprang. Eisberge schwammen in dem eiskalten Wasser und immer wieder hallte das Krachen von berstenden Eisblöcken durch das Tal. Neuseeland hat eine Vielzahl an endemischen, nur hier vorkommenden Tieren und Pflanzen. Dazu gehören auch die Keas, große Papageienvögel, die extrem neugierig sind und gerne Zelte, Autotürdichtungen und Scheibenwischer auseinandernehmen. Über dem Campingplatz tauchten immer wieder kleinere, lauthals schreiende Gruppen dieser Vögel auf und einige Camper mussten ihre Zelte und Autos gegen die dreisten Vögel verteidigen. Leider nimmt die Population auch dieser Tiere stark ab und bis heute ist unbekannt, woran dies liegt.

Da der Campingplatz in einem Bergtal in einer äußerst dünn besiedelten Gegend lag, gab es kaum Streulicht bei Nacht und so hatte ich einen unglaublichen Blick auf die Milchstraße, wie ich sie noch nie gesehen hatte, und als schemenhafte Lichtschleier sah ich das erste Mal überhaupt mit bloßem Auge zwei fremde Galaxien. Ein unglaubliches Gefühl überkam mich bei dem Anblick.

Einzigartiger Blick auf die Milchstraße mit fremder Galaxie als Nebel in der rechten Bildmitte.

Für den zweiten Morgen hatte ich auf Empfehlung von Viola, die diese Wanderung bereits vor einigen Jahren begeistert hatte, den Aufstieg zur „Mueller Hut" geplant. Morgens um sieben machte ich mich auf den Weg und stieg über 2.000 Treppenstufen und anschließend steile Geröllhalden durch die dichte Wolkendecke hindurch immer höher, bis plötzlich die Sonne durchbrach und ein unglaubliches Bergpanorama freigab. Über dem strahlendweißen Wolkenmeer unter mir ragten die Berggipfel mit ihrem leicht bläulich schimmernden Gletschereis empor und ließen ein wunderbares Gefühl von Freiheit in mir aufsteigen. Die Hütte ließ ich links liegen und kletterte über große Felsen weiter auf den Gipfel des „Mount Ollivier". Beim Klettern musste ich das erste Mal seit dem Unfall auch meine linke Schulter intensiv benutzen und war glücklich, dass sie die Kletterei gut mitmachte. Auf dem Gipfel angekommen, frühstückte ich und genoss lange Zeit die absolute Einsamkeit bei fantastischer Aussicht. Nach dem Abstieg machte ich mich, da es noch früh am Nachmittag war, mit dem Tandem wieder auf den Weg und kam abends bei Viola in Twizel an.

20.2 Vom Mount Cook an den Pazifik

Am nächsten Tag erreichten wir Tekapo, ein Dorf am „Lake Tekapo". Wie schon am „Lake Pukaki", so sorgt auch hier Gesteinsstaub vom Abrieb der Gletscher zusammen mit dem Sonnenlicht für die leuchtend blaue Farbe des Sees. Wie der Zufall es wollte, so trafen wir auch hier auf einem Campingplatz direkt am See Bekannte wieder. Andi und Patrizia, die den Mount Cook ausgelassen hatten, machten hier einen ihrer letzten Stopps, bevor sie wieder zurück in die Schweiz fliegen würden. Wir saßen gemütlich zusammen und tauschten unsere Erlebnisse der letzten Tage aus, bevor wir uns verabschiedeten, in der Hoffnung, eines Tages ihre Einladung annehmen zu können und sie in der Schweiz zu besuchen.

Kurz vor Sonnenuntergang erreichten wir unseren noch knapp 15 Kilometer entfernten Campingplatz für die Nacht, wo wir an einem kleinen See unser Zelt aufschlugen. Da es am nächsten Tag mit 60-70km/h stürmte, blieben wir noch einen Tag und wanderten auf den Mount John, auf dessen Gipfel direkt am Ufer des „Lake Tekapo" verschiedene Observatorien für die Sternenbeobachtung standen. Die angebotenen Sternenführungen waren leider sehr teuer, aber Viola entdeckte nur gut 100 Kilometer entfernt in einem Ort namens Geraldine einen Hobbyastronomen, der eine Führung bei Nacht in seinem privaten Observatorium im eigenen Garten für einen Bruchteil des Geldes und ganz persönlich anbot. Am nächsten Abend nach geschaffter Etappe liefen wir nachts zu Peter, der uns herzlich begrüßte und dann zusammen mit einer australischen Familie eine enthusiastische Einführung in unsere Galaxie, Sternencluster, Nebel, Supernovä (er hatte selbst schon einige entdeckt) und andere unvorstellbare Dinge gab.

Auf dem weiteren Weg nach Norden umfuhren wir Christchurch, wo ich nur einen Nachmittag allein mit dem Tandem hineinfuhr, um die vom Erdbeben 2011 schwer getroffene Stadt einmal gesehen zu haben. An einem regnerischen Tag durch monoton wolkenverhangene graue Landschaften fanden wir einen Campingplatz, auf dem wir ein winziges Zimmer für die Nacht mieteten und uns und unsere Sachen wieder trockneten. Ebenfalls dort untergekommen war Fabian, ein Schweizer in unserem Alter, der seit vier Monaten mit dem Rad durch Neuseeland fuhr und früher Radrennen gefahren war. Das Radfahrvirus hatte ihn bis heute fest im Griff, und so hatten wir immer ein Gesprächsthema und kannten sogar einige gemeinsame Leute aus dem Radrennsport. Erstmals seit Langem fuhren wir am nächsten Tag wieder in Begleitung eine Etappe durch eine wunderbare, sehr abwechslungsreiche und hügelige, verkehrsarme Region und kamen am Abend in Kaikoura an.

Kaikoura ist das Zentrum der Südinsel für Meerestierbeobachtungen wie Wale und Seelöwen, und hier können Besucher auch mit Delfinen im offenen Meer schwimmen. Der besondere Artenreichtum erklärt sich durch einen Tiefseegraben, der hier bis direkt an die Küste reicht und zu einer Durchmischung von kaltem, nährstoffreichem, arktischem Wasser mit den wärmeren subtropischen Wassermassen führt und so ideale Bedingungen für Plankton bietet. Das Plankton wiederum ist die Nahrungsgrundlage für eine riesige Nahrungskette von Krebsen über Fische hin zu Albatrossen, Pinguinen, Seelöwen, Walen und Delfinen.

Wir hatten uns das erste Mal in Neuseeland dazu entschlossen, eine organisierte Outdooraktivität zu unternehmen, und so fuhren wir zusammen mit einer kleinen Gruppe mit Tretpaddelkajaks früh morgens hinaus auf den Pazifischen Ozean. Aufgrund eines Erdbebens vor einigen Jahren hatte sich die Küste um über 1,5 Meter gehoben und es war eine verzweigte Felslandschaft entstanden, die eine große Seelöwenkolonie zur Aufzucht ihrer Jungen nutzte. Von den Kajaks aus konnten wir die Seelöwen auf den Felsen beobachten und sahen Albatrosse über uns hinwegfliegen und direkt neben den Booten im Wasser landen und starten. Auf dem offenen Meer war es sehr windig und der Wellengang schaukelte die Boote ordentlich durch, sodass Viola schlecht wurde. Noch schlimmer erwischte es aber ein junges Paar aus Chile, das kenterte und einige Minuten hilflos im kalten Meerwasser trieb.

Kajaktour in Kaikoura.

Einer der unzähligen Seelöwen.

Die Faszination des Meeres und der Seelöwen hier war so groß, dass wir etwas länger blieben und zu Fuß an der Küste entlang um die Halbinsel von Kaikoura zusammen mit Fabian herumwanderten. Dabei sahen wir hunderte von Seelöwen aus nächster Nähe. Es ging so weit, dass wir beim Klettern über Felsen höllisch aufpassen mussten, nicht direkt auf einen dahinterliegenden Seelöwen zu treten und einige Male erschreckten wir uns, da unerwartet hinter vielen Felsecken in teils nur zwei Metern Abstand plötzlich Seelöwen lagen. An einigen Stellen mussten wir an Felswänden entlangklettern, um den uns den Weg versperrenden Tieren möglichst nicht zu nahe zu kommen.

Von Kaikoura aus folgten wir weiter der Pazifikküste mit wunderbaren Ausblicken auf die raue Brandung und weiteren Seelöwensichtungen bei starkem Gegenwind nach Norden. Die Fähre, die die Süd- mit der Nordinsel verbindet legt in Picton in einem der dortigen Fjorde an. Da wir aber von vielen Reisenden gehört hatten, dass der „Abel-Tasman-Nationalpark" ganz im Nordwesten der Insel das Highlight der Südinsel sei, machten wir einen großen Umweg und fuhren nochmals einige hundert Kilometer nach Westen. Dabei änderte sich das Landschaftsbild und erstmals fuhren wir durch endlose Weinanbaugebiete.

Nach einem endlosen Tag mit leicht bergan führender Straße bei einmal wieder durchgängigem Gegenwind erreichten wir einen winzigen Campingplatz des „Department of conservation", „DOC". In Neuseeland ist es offiziell verboten, wild zu campen und wir versuchten, uns zum Schutze der Natur an dieses Gebot zu halten. Das „DOC" hält daher in abgelegenen Regionen Campingplätze bereit, die günstig sind, aber auch nur über ein Plumpsklo verfügen. Dort angekommen, waren wir ganz allein und genossen die Einsamkeit bei einem Nacktbad in dem sprudelnden Gebirgsfluss direkt neben unserem Zelt. Kurze Zeit nach der Dämmerung kam der Vollmond heraus und tauchte diesen wunderbaren Ort in ein silbernes Licht, das so stark war, dass wir mitten in der Nacht deutlich Schatten warfen.

Einsamkeit am Fluss kurz vor Sonnenuntergang.

In dieser Idylle begann aber eine ganz andere Sache und ein zu diesem Zeitpunkt noch weit entferntes Problem, uns Sorgen zu bereiten. Im Dezember, während wir noch in Indien unterwegs gewesen waren, hatten sich in China einige Menschen mit einem neuartigen Virus infiziert. Diese anfangs nur nebenbei beachtete Tatsache wurde in diesen Tagen immer bedrohlicher, denn plötzlich schnellten die Infektionszahlen auch in Europa in die Höhe. Schon im Studium hatten wir gelernt, dass es irgendwann einmal wieder so weit sein würde, dass sich eine globale Pandemie durch ein Virus ausbreiten würde. Und nun schien dies der Fall zu sein. Nachdem wir hier in Neuseeland, weit weg von allem, lange dachten, dass wir vermutlich nicht betroffen sein würden, bevor wir unsere Reise beendet hätten, so begannen wir uns nun doch Sorgen zu machen. Wie berechtigt diese sein sollten und welche Ausmaße diese Pandemie erreichen sollte, und wie sie auch uns und unsere Reise verändern sollte, konnten wir zu diesem Zeitpunkt aber noch lange nicht erahnen. Uns hatten über unsere Eltern Schreiben der Ärztekammern erreicht, die um Mithilfe bei der Bewältigung der befürchteten Auswirkungen baten. Es schien also ernst zu sein.

Am Folgetag fuhren wir weiter durch die Berge, wobei sich nun immer mehr Hopfen-, Apfel-, Birnen- und Kiwiplantagen zeigten. Nach langer Zeit auf kleinen Straßen erreichten wir eine Hauptstraße, einen der typischen zweispurigen Highways, die in Neuseeland als Fernstraßen dienen, und wurden von einem Polizisten angehalten. Als wir auf ihn zufuhren, überlegten wir, was wir falsch gemacht haben könnten und uns fiel eigentlich nichts ein. Es zeigte sich, dass der Polizist nichts zu beanstanden hatte, sondern wissen wollte, ob die anderen Verkehrsteilnehmer genug Abstand hielten. Er sagte, er sei auch leidenschaftlicher Radfahrer und lud uns zu sich nach Hause ein, um dort zu übernachten, zu duschen und unsere Wäsche zu waschen. Wir waren etwas perplex, aber auch sehr erfreut, eine solche Freundlichkeit von einem Polizisten zu erfahren. In Deutschland waren die Erfahrungen als Radfahrer mit der Polizei leider meist weniger erfreulich als unsere Begegnung hier in Neuseeland. Leider kamen wir nicht durch den Ort, in dem er wohnte, und so konnten wir seine liebe Einladung nicht annehmen.

In Motueka, der Stadt am Eingang zum „Abel-Tasman-Nationalpark", kamen wir nach vielen Nächten im Zelt in einem Hostel unter, wo wir auch wieder Fabian aus der Schweiz trafen und ganz unerwartet ebenfalls Jan aus Belgien, vom Beginn unserer Reise durch Neuseeland. Er war gerade auf dem Weg zum Bus, um direkt zur Fähre auf die Nordinsel zu fahren. Die USA hatten gerade einen Einreisestopp für alle Europäer erlassen und damit war auch seine gesamte Reise gestorben, denn er wollte ja nach Neuseeland die gesamten Vereinigten Staaten mit dem Rad durchqueren. Nun wollte er mit einem der nächsten Flieger versuchen, zurück nach Belgien zu gelangen.

Am nächsten Morgen ließen wir uns mit einem Bus in den „Abel-Tasman-Nationalpark" fahren. Von dort aus ging es mit Wassertaxischnellbooten etwa eine Stunde lang über das Meer, vorbei an gelben Stränden und idyllischen Buchten. Immer wieder stoppte das Boot in Buchten und ließ Wanderer in das seichte Wasser der Brandung springen. Immer entlang der Küste führte ein weiterer der „Great walks", der „Abel-Tasman-Coastal-Track", zurück zum Ausgangspunkt der Schnellboote. Je nachdem, wie weit man über wie viele Tage wandern wollte, konnte man so an verschiedenen Stellen das Boot verlassen. Der insgesamt 60 Kilometer lange Wanderweg wird meist in vier bis sechs Tagen gewandert, dazwischen liegen meist direkt am Strand Campingplätze. Wir wollten allerdings nicht unser Zelt mitschleppen, da wir auf unserer Reise keinen Wanderrucksack dabeihatten, und so entschlossen wir uns, „nur" 30 Kilometer noch am selben Tag zurückzuwandern. Wir sprangen barfuß aus dem Boot in das seichte Wasser, säuberten unsere sandigen Füße und machten uns dann auf den Weg zurück zum Eingang des Parks.

Ganz zu Beginn unserer Wanderung am Strand.

Immer entlang der Küste führte der Pfad durch dichte Wälder, die eine abwechslungsreiche Vegetation boten, aber meist von riesigen Farnpalmbäumen dominiert wurden, die endemisch in Neuseeland sind. Immer wieder taten sich wunderbare Blicke auf die gelben Sandbuchten auf und wir genossen unser Mittagsessen direkt am Meeresstrand. Gegen Abend erreichten wir ziemlich erschöpft unser Ziel und fanden sofort ein nettes Kiwi-Pärchen, das uns mit ihrem Auto zurück zu unserem Hostel brachte.

Die letzten beiden Etappen auf der Südinsel führten uns über den „Queen Charlotte Drive" nach Picton, von wo aus uns die Fähre auf die Nordinsel und damit auf den endgültig letzten Abschnitt unserer Reise bringen würde. Der „Queen Charlotte Drive" ist eine wunderbare Straße, die sich entlang der Küste durch die Fjordlandschaft im Norden der Südinsel windet und uns mit vielen Steigungen, Serpentinen und mit wunderbaren Ausblicken auf Berge, Fjorde, Regenwälder und das Meer begeisterte. Wir waren noch bei leichtem Nieselregen losgefahren und umso faszinierender war das Spektakel, als sich mehr und mehr Wolken verzogen und die Sonne immer mehr zum Vorschein kam.

Am Fährhafen angekommen, warteten wir mit zwei weiteren Radreisenden auf die Abfahrt. Einer der beiden war Andy. Andy war ein ganz spezieller Typ. Mit seinen 67 Jahren und seiner quäkenden Stimme teilte er uns allerlei Dinge aus seinem Privatleben mit und betonte immer wieder, wie viel er sich doch leisten könne und was er alles besäße. Unfreiwillig erfuhren wir seine halbe Lebensgeschichte, von seiner Geburt in Chicago über seine Kindheit in Kanada, seine Zeit bei der US-Navi und seinen derzeitigen Wohnort Ecuador. Dazu hatte er natürlich das feinste Material, ein Rad mit Carbonrahmen, das er super günstig gekauft hätte, während wir ja nur einen Alurahmen hätten. Und er klagte über Nackenschmerzen, die ihn daran hinderten, weiter längere Etappen mit dem Fahrrad zu fahren. Seine 91-jährige Mutter, mit der er jeden Tag telefoniere, habe ihm geraten, einmal zur Massage zu gehen und dies habe er heute nun auch getan.

Genug von Andy, aber er hatte schon eine markante Persönlichkeit. Wir fuhren mit unserem Tandem auf die Fähre, banden es fest und begaben uns auf das oberste Deck, von wo aus wir einen wunderbaren Ausblick auf die Fjorde und später auf die hinter uns verschwindende Südinsel hatten. Viola hatte sehr gehofft, Delfine zu sehen und nach etwa zwei Stunden Fährfahrt waren sie plötzlich da. Eine Schule von grauen Delfinen sprang keine 100 Meter vom Schiff entfernt immer wieder aus dem Wasser, Viola war begeistert.

20.3 Die Nordinsel

In Wellington, der Hauptstadt Neuseelands, betraten wir die Nordinsel und fuhren durch die moderne Stadt, die an einer Bucht mit rundherum aufragenden Hügeln liegt. Die Stadt strahlte erstmals seitdem wir die arabische Halbinsel verlassen hatten wieder westliches Großstadtflair aus und wir genossen nach den letzten Wochen in relativer Einsamkeit diese Atmosphäre. Dennoch begleitete uns immer das unangenehme Gefühl, dass sich alles veränderte. Neuseeland verzeichnete zwar noch keine Ansteckungen mit dem Coronavirus im eigenen Land, aber Einreisende brachten immer mehr Infektionen von außen herein. Jeder neu Ankommende musste sich nun in eine zweiwöchige Selbstquarantäne begeben und auch

Die fünf verschiedenen Kiwi-Arten. Nach dem Nationalvogel nennen sich die Einwohner Neuseelands ebenfalls „Kiwis".

auf den Straßen begannen die ersten Menschen, Masken zu tragen. Wie schon seit einigen Wochen in Deutschland, war nun auch hier das Desinfektionsmittel ausverkauft und erste Produkte wurden in den Geschäften zur Mangelware. Es war nur eine Frage der Zeit, bis sich auch in Neuseeland das Virus ausbreiten würde. Unser Rückflug würde in knapp vier Wochen stattfinden und wir hofften, dass wir bis dahin noch in Neuseeland weitestgehend von der weltweiten Pandemie verschont blieben.

Die Tage in Wellington verbrachten wir bei Robin, einer Mittfünfzigerin, die ebenfalls Radreisen unternahm und die uns ganz selbstverständlich zu sich in ihre Wohnung aufnahm und uns sofort ihren Zweitwohnungsschlüssel überließ, sodass wir kommen und gehen konnten, wann wir wollten. Wir genossen zwei entspannte Tage, besuchten das großartige Nationalmuseum „Te Papa" direkt an der Hafenmole, fuhren mit dem alten Schrägaufzug hinauf in den beeindruckenden botanischen Garten und sogen das Großstadtflair bei Spaziergängen auf. Dabei begegneten wir zufällig dem österreichischen Paar, das wir vor einigen Wochen in Wanaka kennengelernt hatten. Karina und Peter waren zutiefst beunruhigt, was die Entwicklung der Pandemie anbelangte und hoben schon täglich massenhaft Bargeld ab und schmiedeten Pläne, einen Campervan zu kaufen, um darin die anstehenden Krisenzeiten zu überdauern. Wir waren da noch deutlich relaxter, aber angesteckt durch ihre Sorgen fuhr ich am nächsten Morgen dann doch zur deutschen Botschaft, um zu erfahren, wie die aktuelle Situation aussähe und ob Pläne bekannt seien, wann die Grenzen geschlossen würden. Dort wurde ich allerdings abgewiesen mit der Aussage, alle Informationen, die sie aktuell hätten, stünden auf der Homepage der Botschaft. Super. Dafür lernte ich aber eine junge Österreicherin kennen, die gerade aus Auckland hergeflogen war, da ihr Freund als Südafrikaner angeblich am Folgetag nicht mehr nach Europa einreisen dürfe und sie nun dringend ein Visum für ihn benötigten. Die österreichische Botschaft in Auckland hatte ihnen gesagt, sie könnten nichts für sie tun und sie müsste auch als Österreicherin zur deutschen Botschaft in Wellington. Angeblich habe ihr Vater vom Außenministerium erfahren, dass die EU innerhalb von 48 Stunden ihre Außengrenzen dichtmachen würde und dann nur noch Einwohner der EU einreisen dürften.

Somit begannen das Chaos und der Gerüchtefluss an fraglichen Informationen auch für uns. Und langsam verunsicherten uns auch solche Aussagen, obwohl wir weiterhin positiv nach vorne schauten. Unbeeindruckt planten wir unsere Route auf der Nordinsel, um in drei Wochen unseren Flug ab Auckland im Norden der Nordinsel zu nehmen, der bislang weiterhin stattfinden sollte, da wir nichts Gegenteiliges gehört hatten. Wir wollten über den Vulkan Taranaki, der direkt neben der Küste bis fast 2.000 Meter hoch aufragt und einen weiteren Vulkan, den Tongariro mit seiner bekannten Wanderung, dem „Tongariro-Crossing" entlang des Vulkansees „Lake Taupo" und die Maori-Dörfer bei Rotorua nach Auckland, das Endziel unserer Reise, fahren.

Wir verließen Wellington auf einer unangenehmen Schnellstraße, auf der nur der Seitenstreifen als Radweg ausgewiesen war. Es ein mulmiges Gefühl, optisch auf einer Autobahn mit unserem riesigen vollgepackten Gefährt unterwegs zu sein, während mit wenig Abstand die Fahrzeuge uns mit 100km/h überholten. Nach etwa zwei Stunden Fahrzeit bogen wir endlich in eine kleine Seitenstraße ab und folgten dieser immer bergan durch dichten Wald. Es begann leicht zu regnen und mit der zunehmenden Höhe auf dem Weg zur Passhöhe wurde es immer kälter. In der Mittagspause erfroren wir fast und waren so weit weg von jedem Dorf mitten in den Bergen, dass wir keinen Handyempfang hatten und ein geplantes Gespräch mit Michi und Anna, die inzwischen in Thailand mit dem Rad unterwegs waren und sich mit uns beraten wollten, wie mit der aktuellen Lage umzugehen sei, nicht stattfinden konnte. Nach der Pause zitterte Viola trotz Regensachen und der weiterhin ansteigenden Kilometer fast eine halbe Stunde lang. Passend zum Erreichen des höchsten Punktes begann es stärker zu regnen, sodass die unter anderen Umständen fantastische Passabfahrt nun zu einer gefährlichen Angelegenheit wurde. Die Straße war einspurig und schlängelte sich in unzähligen Serpentinen durch das grüne Dickicht den Berg hinab. Wir fuhren sehr langsam und vorsichtig, da durch entgegenkommende Fahrzeuge die gesamte Straße blockiert wäre. Glücklicherweise wagte es in der Zeit, als wir den Pass hinunterschlichen, kein Auto, diese Straße zu befahren und je tiefer wir kamen, desto wärmer wurde es.

Unten angekommen, waren wir an der Westküste angekommen, der wir in den nächsten Tagen nach Norden folgen wollten. Wir suchten Zuflucht vor dem Wetter in einem Supermarkt und riefen von dort aus Michi und Anna an, die ziemlich besorgt und verunsichert waren, ob sie ihre Reise abbrechen und nach Deutschland zurückkehren sollten. Dieses Gespräch hörte zufällig Nadine, eine Deutsche, die vor sechs Jahren nach Neuseeland ausgewandert war und uns nun ansprach und ihre Hilfe anbot. Sie wohnte auf einer abgelegenen Farm nicht weit entfernt von unserem Tagesziel und da wir sowieso noch nicht wussten, wo wir die Nacht verbringen würden, waren wir gespannt zu sehen, wie sie wohnt und Subsistenzwirtschaft betreibt.

Nach etwa zwei weiteren Stunden Fahrt auf einer von Baustellen übersäten Schnellstraße bogen wir ab und folgten einer kleinen Straße bis zu ihrem Ende. Dort hockten schon zwei Kinder im Gras und erwarteten uns. Fünf aufgedrehte Hunde sprangen uns entgegen als wir auf das Farmgelände fuhren und wir wurden herzlich empfangen. Die Familie wohnte hier in ihrem Farmhaus und hielt allerlei Tiere. Neben einer kleinen Hannoveranerzucht hatten sie Hühner, eine Milchkuh für den Eigenbedarf, einen Bullen, Schweine, Ziegen und einige Schafe. Wir wurden über die Farm geführt und durften für die Nacht in ihren Wohnanhänger einziehen. Am nächsten Morgen begleiteten wir Nadine bei der Versorgung der Tiere und beim Melken der Kuh. Sie sicherte uns zu, für den Fall, dass es hart auf hart kommen sollte, bei ihr und ihrer Familie unterkommen zu könnten, um die Coronakrise zu überstehen. Es fühlte sich gut an, diese Hilfebereitschaft zu erfahren und einen Ort in der Hinterhand zu haben, wo wir im Fall der Fälle würden bleiben können.

Am nächsten Tag erfuhren wir, dass Singapur Airlines alle Flüge nach Europa eingestellt hatte. Damit hatte uns das Chaos, das seit Wochen schon in einem Teil der Welt herrschte, erreicht. Denn mit eben dieser Airline hatten wir unseren Rückflug geplant. Wir hatten uns darauf verlassen, dass wir per Mail informiert würden, sobald unser Flug storniert würde, aber diese in normalen Zeiten geltenden Mechanismen funktionierten nun nicht mehr, die Airlines waren heillos überfordert mit den sich täglich ändernden Grenzbestimmungen fast aller Länder weltweit. Nach vielen Stunden in Warteschleifen schafften wir es irgendwann, zu einem Mitarbeiter der Airline durchzudringen und konnten unser Ticketgeld zurückfordern. Wir planten am nächsten Tag in Wanganui, einer Kleinstadt an der Westküste, in ein Hostel zu ziehen, um uns neu zu sortieren, die aktuelle Situation in Ruhe zu analysieren und einen neuen Flug zu buchen. Flüge waren an diesem Abend für etwa 400€ pro Person zu haben.

Das Hostel wurde von einer deutschen Familie betrieben und viele Reisende hatten sich hier einquartiert, um zu entscheiden, wie es aktuell weitergehen sollte. Als wir am nächsten Morgen unseren Flug buchen wollten, stellten wir mit Schrecken fest, dass sich die Ticketpreise über Nacht fast verdoppelt hatten. Immer mehr Touristen erkannten scheinbar den Ernst der Lage und in der aufkommenden „Torschlusspanik“ stiegen die Buchungen und Preise rasant an. Nach 20 Minuten hatten wir uns dennoch für einen Flug mit nur einem Zwischenstopp in Qatar entschieden und klickten auf „Buchen“. Dabei aktualisierte sich die Seite und der Ticketpreis verdoppelte sich nochmals auf gut 1.500€ pro Person. Glücklicherweise hatten wir noch die Seite eines Drittanbieters offen und konnten dort noch für rund 750€ unsere Flüge buchen. Zwei Niederländerinnen, die ebenfalls in unserem Hostel untergekommen waren, hatten sich Tickets für 4.000€ gekauft, um nach Amsterdam zu gelangen. Erleichtert, aber etwas geschockt beschlossen wir, einen Tag lang Kraft zu tanken und dann auf direktem Wege nach Auckland zu fahren, denn niemand konnte wissen, was in den nächsten Tagen noch geschehen würde, die Entwicklungen überschlugen sich. Wie schnell dann aber alles gehen sollte, dass hatten wir auch in Wanganui noch nicht ahnen können.

Plötzlich vernahmen wir eine quäkende uns unheimlich bekannte Stimme aus einem Nebenraum. Zweifelsohne gehörte diese zu Andy, der es auch bis hierhergeschafft hatte und sehr erfreut war, als er uns entdeckte. Er teilte uns mit, er könne mit seinen Nackenschmerzen nicht weiterfahren und würde daher die nächsten Wochen in dem Hostel bleiben. Seine Mutter habe ihn eben abgerufen und sei sehr verärgert darüber, dass der Lieferdienst ihre Flasche Wein vergessen habe, die sie jeden Abend trinke. Als er immer weiter über seinen Nacken klagte fasste ich mir mit viel Willenskraft ein Herz und empfahl ihm, es einmal mit einem Kinesio-Tape zu versuchen oder zu einem Arzt zu gehen, um nach einem Muskelrelaxanz zu fragen. Er recherchierte meine Empfehlungen im Internet und kam am Nachmittag mit einer Rolle Kinesiotape wieder. Natürlich suchte er nun jemanden, der wisse, wie man dieses klebt und so fragte er mich, ob ich dies könne. Etwas widerwillig klebte ich ihm also das Tape und Andy war sehr zufrieden. Weiter durfte ich immer und immer wieder erfahren, dass „in the US" seine Lieblingsnüsse („Brazilnuts") viel teurer seien als in Neuseeland und er sich hier ja alles leisten könne, dass er Shopping liebe („I love shopping") und er ein böser Kerl sei, denn er warte nur darauf, dass andere aufgrund der Coronakrise arbeitslos würden, ihre Häuser dadurch verlören und er sie dann günstig kaufen könne. In einem weiteren Anflug von kompromissloser Nächstenliebe gaben wir ihm sogar noch drei Tabletten unseres Muskelrelaxanz aus Indien, da er ansonsten nicht an dieses verschreibungspflichtige Medikament gekommen wäre. Als wir am nächsten Tag aufbrachen, um auf 90 Kilometern über 1.600 Höhenmeter durch die Berge zu fahren, hofften wir, dass wir Andy nicht zu sehr geholfen hatten und er nun in der Lage sein könnte, uns doch noch zu folgen.

Die Sorge vor den sich immer weiter schließenden Grenzen und die wunderbare Landschaft, durch die wir radelten, beflügelten uns und so erreichten wir früher als gedacht das einzige Dorf nach 90 Kilometern, wo wir auf dem einzigen Campingplatz blieben. So weit weg von allem und in der Nähe einer Brücke gelegen, die „bridge to nowhere" hieß, war die Corona-Panik hier scheinbar noch nicht angekommen, denn in dem kleinen Supermarkt des Dorfes gab es noch massenhaft Mehl, Klopapier und sogar Desinfektionsmittel.

Am nächsten Morgen wachten wir schon bei Regen auf und packten das Zelt begeistert und klitschnass ein. Als wir losfuhren, wurde der Regen immer stärker und natürlich hatten wir Gegenwind. Nach 90 verregneten Kilometern ohne Mittagspause kamen wir durchweicht und ausgehungert an unserem Campingplatz an, wo wir aufgrund des Regens eine kleine Kabine gemietet hatten. Doch an der Rezeption hing nur ein Schild, dass der Campingplatz aufgrund der Coronakrise geschlossen wurde. Das Stimmungsbarometer fiel. Wir schafften es glücklicherweise, eine Mitarbeiterin zu finden und da wir schon gebucht hatten, wurden wir doch noch hereingelassen. Hier trafen wir einen anderen Deutschen, André, der auf einen Bus wartete, um direkt nach Auckland zu kommen, um von dort aus noch schnell nach Hause zu fliegen.

Wir genossen die Ruhe auf dem einsamen Campingplatz, trockneten unsere Sachen, nachdem der Regen gegen Nachmittag aufgehört hatte, und fuhren am nächsten Tag weiter in Richtung Auckland. Nur noch 300 Kilometer lagen vor uns und unser Flug sollte erst in einer Woche gehen. Nach gut 80 Kilometern erreichten wir den ersten Ort mit Supermarkt und kauften dort für das Abendessen ein. Schon beim Einbiegen auf den Parkplatz des Supermarktes wunderten wir uns über all die Autos, die den Parkplatz überfüllten. Während Viola im Supermarkt unterwegs war, wartete ich draußen am Tandem und wurde von einem älteren Herren angesprochen, ob wir wüssten, dass die neuseeländische Regierung gerade Level 3 des nationalen Corona-Krisenplans ausgerufen habe und in 48 Stunden mit Level 4 der komplette „Lock-down" des Landes für mindestens vier Wochen erfolgen würde. Jeder würde dann für mindestens vier Wochen an dem Ort bleiben müssen, an dem er zu Beginn des „Lockdowns" wäre. Nein, das hatten wir noch nicht mitbekommen und änderte unsere Situation schlagartig.

20.4 Endzeitstimmung

Als Viola aus dem Supermarkt kam, erzählte ich ihr von den Neuigkeiten und nun machte sich auch bei uns etwas Panik breit. Was bedeutete der angekündigte „Lock-down" für uns? Würde sogar der Flughafen geschlossen? Der ältere Mann bot uns sogar an, dass wir die nächsten Wochen des „Lock-downs" bei ihm in seinem Haus verbringen könnten, was eine wunderbare Geste in solchen Zeiten war. Dies kam für uns aber nicht in Frage, denn wir wollten schnellstmöglich nach Auckland, um von dort aus wenigstens noch eine Chance zu haben, das Land in den nächsten Wochen zu verlassen. Die Verunsicherung bei allen war groß, was auch der Grund für den riesigen Andrang am Supermarkt war. Wir sprachen eine Polizistin an, was der „Lock-down" für Konsequenzen nach sich zöge, aber auch sie konnte uns da keine genauen Auskünfte geben, niemand wusste was auf Neuseeland zukam. In der Hoffnung, eine sofortige Transportmöglichkeit in das noch 200 Kilometer entfernte Auckland zu finden, fuhren wir zum Infozentrum der Stadt. Dieses war allerdings schon aufgrund des Levels 3 geschlossen. Glücklicherweise aber sah uns von drinnen eine Mitarbeiterin und öffnete nochmals für uns die Tür. Während sie versuchte, herauszufinden, ob Busse oder Züge noch fuhren und wir dabei auch unser Tandem mitnehmen könnten, wurde sie von einem Mann angerufen, der draußen vor der Infozentrale stand. Er hatte uns bereits am Supermarkt gesehen, allerdings waren wir weggefahren bevor er uns ansprechen konnte. Daraufhin fuhr er in die Innenstadt, um nach uns zu suchen und entdeckte unser Tandem vor der Information. Da die Tür aber verschlossen war, rief er kurzerhand an, um uns anzubieten, uns samt Tandem in seinem Lieferwagen mit nach Auckland zu nehmen. Dies war wieder einmal eine so unglaubliche Situation, wie man sie fast nur beim Reisen erfährt, und unbeschreiblich erleichtert nahmen wir seine Hilfe an, luden das Tandem in seinen Lieferwagen und fanden uns keine drei Stunden später am Flughafen in Auckland wieder. Die Hilfsbereitschaft, die wir in diesen Stunden erfuhren, machte uns Mut, dass in all dem Leid, das gerade auf der Welt entstand, auch Chancen liegen und Menschen einander helfen und Dinge sich zum Guten entwickeln.

Am Flughafen trugen die Mitarbeiter Atemschutzmasken und ständige Lautsprecherdurchsagen verbreiteten eine surreale Endzeitstimmung indem sie ermahnten, Abstand zu halten und das Flughafengebäude nur bei gültigem Ticket mit Flug in den nächsten drei Stunden zu betreten. Wir hatten gehofft, im Flughafen im Gespräch mit den Airlines noch schnell ein Ticket ergattern zu können oder wenigstens zu erfahren, ob unser Flug in einigen Tagen stattfinden würde. Wie viele andere Reisende wurden wir aber nicht in den Flughafen gelassen und so standen auch wir auf dem Vorplatz und suchten verzweifelt im Internet nach Flügen und Tickets, die nicht zigtausend Euro kosteten. Das Problem war, dass immer mehr Zwischenstationen, um von Neuseeland nach Europa zu gelangen, auch für den Transit geschlossen wurden. Neben Singapur waren inzwischen mit Australien, den Emiraten, Bangkok, Hong-Kong und China eigentlich alle möglichen Zwischenlandestationen geschlossen, nur noch Doha in Qatar, über das wir fliegen wollten, war weiterhin geöffnet.

Irgendwann sahen wir ein, dass wir an diesem Ort nichts erreichen würden, und suchten nach einer Übernachtungsmöglichkeit. Viola fand ein Motel in der Nähe und kurz nach Sonnenuntergang machten wir uns auf den Weg. Als wir gerade den Flughafenparkplatz verlassen wollten, schrie plötzlich jemand hinter uns und hüpfte umher. Es war Peter, der zusammen mit Karina auf dem Parkplatz in einer Ecke zeltete, um ihren glücklicherweise noch ergatterten Flug am nächsten Morgen zurück nach Frankfurt zu nehmen. Für ihren Flug in der Business-Class (alle anderen Tickets waren natürlich ausverkauft) hatten sie jeweils über 10.000€ bezahlt. Auch daran wird deutlich, welche Ausnahmesituation gerade herrschte, denn Menschen waren begründet besorgt, für Wochen oder gar Monate in fremden Ländern weit weg von ihren Familien festzustecken und die wenigen Flüge, die noch stattfanden, wurden so fast unbezahlbar. Das erneute und so ganz unerwartete Wiedersehen mit den beiden war schön und es war herrlich, die beiden auf dem Parkplatz zelten zu sehen, um am nächsten Morgen in die Business-Class zu steigen. Zwei Tage später sollten wir die Nachricht erhalten, dass es die beiden wohlbehalten zurück nach Österreich geschafft hatten. Dennoch traf es sie besonders hart, denn sie standen noch ganz am Anfang ihrer Weltreise und hatten ihre beiden Wohnungen in Österreich vermietet, sodass sie nun nicht einmal wussten, wo sie die nächste Zeit unterkommen sollten.

Das Motel, in dem wir die Nacht verbrachten, wurde an dem darauffolgenden Tag geschlossen und so mussten wir uns nach einer neuen Unterkunft umsehen. Wie so viele andere Deutsche hofften wir nun auf die angekündigte Rückholaktion der Bundesregierung, die deutsche Staatsbürger zurück nach Europa bringen sollte. Dafür hatten wir uns registriert, denn unser Flug schien abgesagt zu sein, wenigstens konnten wir keinerlei Informationen mehr dazu finden. Wir erfuhren, dass noch etwa 12.000 Deutsche in Neuseeland feststeckten und auf die „Luftbrücke" warteten. Mit viel Erleichterung erreichte uns die Nachricht, dass die ersten Flüge ab dem kommenden Wochenende gehen sollten, nachdem schon 150.000 Deutsche aus anderen, näher an Deutschland gelegenen Urlaubsregionen heimgeflogen wurden. Auf der Suche nach einer anderen Unterkunft für die nächsten Tage hatten wir auch Kontakt mit André, den wir vor einigen Tagen auf dem geschlossenen Campingplatz getroffen hatten. Er war bei einer Familie in ihrem Haus untergekommen und zahlte dort auch 40 Neuseelanddollar pro Nacht und zusammen gründeten wir eine WhatsApp-Gruppe für feststeckende Deutsche, sodass wir wichtige Informationen schnell teilen konnten. Glücklicherweise fanden wir noch ein relativ günstiges und schönes Motel weiter in Richtung der Innenstadt Aucklands, das auch während des „Lock-downs" Gäste aufnehmen würde. Noch schnell suchten wir Fahrradkartons bei mehreren Radläden, bevor diese im Rahmen des Levels 4 schließen würden, um im Falle eines Rückflugs auch unser Tandem mitnehmen zu können. Leider hatten die Geschäfte keine und so suchten wir am Ende einfach aus einem großen Container verschiedene Kartons, die wir oben auf unsere Gepäcktaschen banden und so zogen wir mit diesem riesigen Gefährt, das selbst den Lastenrädern in Indien Konkurrenz machte, in das neue Motelzimmer um.

An unserem zweiten Abend dort erreichte uns die Nachricht, dass die Regierung Neuseelands die Rückholaktion der Bundesregierung, die am nächsten Tag beginnen sollte, untersagt hatte, da sie sich um die eigene Bevölkerung sorge, wenn sich tausende Deutsche in den nächsten Wochen zum Flughafen begeben würden. Dies fiel ihr aber denkbar spät ein, denn bereits seit Wochen und spätestens mit der Ankündigung des „Lock-downs" hatten sich nahezu alle ausreisewilligen Deutschen nach Auckland oder Christchurch begeben, wie es die deutsche Botschaft auch dringend geraten hatte. Aber in dieser Krisenzeit schien vor allem auf staatlicher Ebene kein Platz für Solidarität zu sein und die neuseeländische Regierung stellte das Wohl der eigenen Bevölkerung uneingeschränkt über das der Ausländer. Nach dieser entmutigenden Nachricht erreichte uns nach stundenlangen Versuchen in Warteschleifen unserer Airline, mit Unterstützung unserer Familien in Deutschland, die ermutigende Auskunft, dass unser gestrichener Flug auf einen anderen Flug in einer Woche umgebucht werden könnte. Dankbar nahmen wir diesen Hoffnungsschimmer an und verbrachten die nächsten Tage damit, mit dem Tandem Sightseeing-Touren durch das ausgestorbene Auckland und entlang der Küste zu unternehmen. Die Straßen waren gespenstisch ausgestorben und immer wieder kreisten Polizeihubschrauber über der Stadt. Seit Beginn des „Lock-downs" sollten sich alle Menschen möglichst zuhause aufhalten, und nur zum Einkaufen und für Individualsport durfte man das Haus verlassen. Vor den Supermärkten bildeten sich skurril anmutende Schlangen von mehreren hundert Metern Länge und die Menschen trugen zunehmend Atemschutz. Einige gingen so weit, dass sie mit Gummistiefeln, Ganzkörperschutzanzug, Atemmaske und Taucherbrille zum Einkaufen erschienen. Die Situation erschien eigentlich zu surreal, um Realität zu sein. Außerdem belastete es uns, dass wir hier untätig herumsaßen, während in Deutschland die Infektionszahlen immer weiter stiegen. Nur zu gerne wollten wir tätig werden, dem Aufruf der Ärztekammern folgen und uns im Kampf gegen das Virus einbringen.

Am Ende unserer Reise nach 11.000 Kilometern und acht Monaten: Auckland.

Am Tag unseres eigentlichen Fluges sahen wir morgens zufällig, dass das Flugzeug, aus dem wir umgebucht wurden, auf den Termin fast eine Woche später, doch flog. Verwirrt und verärgert, wie es sein kann, dass wir mit gültigem Ticket einfach auf einen späteren Flug umgebucht wurden und weiter die Kosten für unsere Unterkunft selbst tragen sollten, hängten wir uns erneut in die Warteschleife der Airline. Nach etwa eineinhalb Stunden kamen wir durch, konnten allerdings auch keine schlüssige Begründung erhalten. Wir konnten aber durchsetzen, dass versucht wurde, uns auf den Flug am nächsten Tag umzubuchen. Den ganzen Abend lang warteten wir auf die angekündigte Bestätigung, doch sie blieb aus.

Am nächsten Morgen hängten wir uns also wie gewohnt wieder in die Warteschleife der Airline und als Viola nach nicht einmal einer Stunde durchgestellt wurde, war die Freude riesig. Unser Flug in vier Stunden war bestätigt und die Tickets in unserem Emailpostfach. Hektisch packten wir alles zusammen, banden die Radkartons wieder oben auf unser Gepäck, sodass unser Gefährt wieder indische Rikschaausmaße erreichte, und fuhren durch das gespenstisch ruhige Auckland zum Flughafen. Direkt vor dem Eingang bastelten wir aus den Kartons einen passenden Radkarton und zerlegten unser Tandem wie gewohnt, aber nun zum letzten Mal auf unserer Reise. Ein letztes Mal wurden unsere Nerven auf die Probe gestellt, als die Check-in-Schlange vier Personen vor uns stoppte und verkündet wurde, dass der Flieger überbucht sei und keine weiteren Personen mitgenommen werden könnten. Nach kurzer, nervenaufreibender Wartezeit zeigte sich aber, dass einige der schon online eingecheckten Passgiere nicht erschienen waren und so rutschten wir noch in den Flieger, während Passagiere weiter hinten in der Schlange wenigstens einen weiteren Tag in Auckland gewonnen hatten.

Erschöpft und heilfroh saßen wir dicht gedrängt mit 400 weiteren Passagieren im Flugzeug und hoben ab auf unserem 26 Stunden langen Flug mit kurzem Zwischenstopp in Qatar. Wir begannen, die vergangenen Monate Revue passieren zu lassen, dachten an die unsicheren Zeiten, die uns bevorstanden und nicht so verlaufen würden, wie wir es uns nach den Monaten im Sattel auf den Straßen der Welt ersehnt hatten. Doch vor allem überwog ein Gefühl: wir hatten es zusammen geschafft. Auch in schwersten Zeiten hatten wir zusammengehalten und das Beste aus unseren teils misslichen Lagen gemacht. Wir waren glücklich, um unendlich viele Erinnerungen reicher nach Hause zurückzukehren und unsere Familien wiederzusehen. Besonders in den Zeiten, die uns allen bevorstanden!

21 Rückblick

Als wir acht Monate vor unserem unerwarteten Reiseende aufgebrochen waren um von Deutschland mit dem Tandem bis nach Singapur zu fahren hatten wir niemals geahnt, was wir alles erleben, was uns unterwegs geschehen würde, wie wir unsere Reisepläne ändern mussten und vor allem nicht, unter welchen Umständen unsere Reise enden würde. Vielleicht war es Vorsehung, auf jeden Fall war es retrospektiv ein eigenartiges Gefühl, als wir realisierten, dass selbst wenn wir unseren Unfall in Indien, der uns in die schwerste Zeit unserer Reise stürzte, nicht gehabt hätten, niemals in Singapur angekommen wären. Die Grenzen in Südostasien wurden geschlossen, bevor wir es bis zu unserem Ziel geschafft hätten. Doch wir sind während der acht Monate an den vielen Steinen auf unserem Weg gewachsen, haben zusammengehalten und die Situationen gemeinsam gemeistert. Selbst in herausfordernden und sehr belastenden SItationen haben wir versucht, das Beste aus den aufgezwungenen Umständen zu machen. So nutzte ich die Zeit in Invercargill, als ich auf die Heilung meiner Operationswunde wartete, um tagelang unsere Reiseerfahrungen niederzuschreiben. Ein zweites Mal ergab sich die Zeit, dieses Buch zu Ende zu schreiben, als wir im „Lock-down" in Auckland saßen und auf eine Möglichkeit warteten, um nach Hause zurückkehren zu können. Dadurch hatte ich die Muße, unsere Erlebnisse niederzuschreiben und vielleicht habt ihr euch nun darüber gefreut, von unseren Begegnungen und Abenteuern zu lesen und hoffentlich immer wieder ein wenig mitgefiebert zu haben. Uns würde es freuen. Glaubt an das Gute, fahrt hinaus in die Welt und vertraut darauf, dass selbst in schweren Situationen immer Hoffnung bleibt und es an uns liegt, die Chancen die sich ergeben, auch zu nutzen. Zu jeder Zeit.

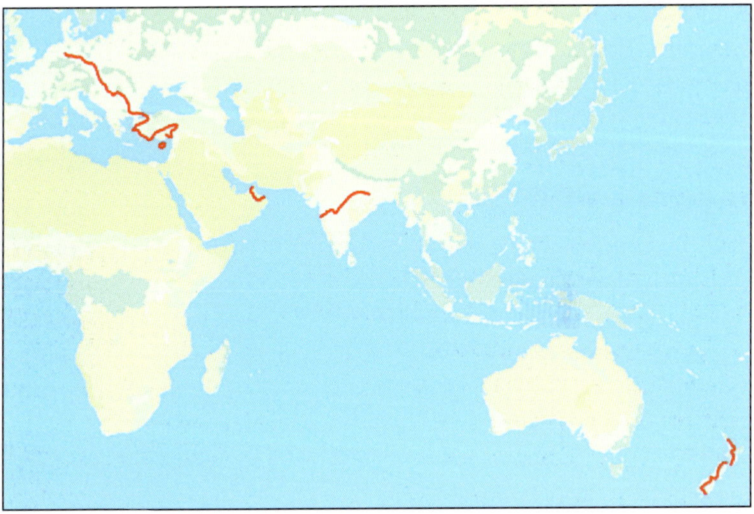

Unsere durch äußere Umstände veränderte Reiseroute: 11.000 km in 8 Monaten Reisezeit.

22 Radreisetipps

Während unserer Reise haben wir einige Dinge als sehr praktisch empfunden. Einige davon wollen wir hier nun kurz vorstellen für den Fall, dass ihr selbst eine Radreise plant.

Zuallererst empfehlen wir, eher weniger als mehr mitzunehmen. Von vielen Radreisenden, die wir trafen, hörten wir, dass sie Dinge aussortierten und wenn doch einmal etwas fehlen sollte, so sind die meisten Dinge auch unterwegs zu finden.

Wenigstens ein Flaschenhalter für 1,5-2 Liter Flaschen, diese sind überall zu finden und können bei Bedarf jederzeit hygienisch ausgetauscht werden.

Material sollte entweder sehr hochwertig und möglichst gut reparabel gekauft werden (Teile nicht aus Carbon, möglichst aus Stahl, da diese geschweißt werden können) oder so einfach, dass Ersatzteile fast überall gefunden werden können. Was man allerdings als überall verfügbar ansieht, ist schwer einzuschätzen und in Indien hätte diese Taktik kaum noch funktioniert. Für weniger Ärger empfiehlt sich also hochwertiges Material aus Stahl.

Wahrscheinlich benötigte Ersatzteile mitnehmen. Dazu gehört je nach Länge der geplanten Tour unserer Erfahrung und Ansicht nach:

- mindestens ein Ersatzreifen
- in etwa vier Ersatzschläuche mit ausreichend Flickzeug
- mindestens eine Ersatzkette mit Kettennieter
- ein Bremszug und mindestens ein Schaltzug
- mindestens ein Ersatzschaltauge
- ein Ersatztretlager
- wenigstens 10-20 Ersatzspeichen mit Nippelspanner
- eine Flasche Kettenöl
- Kabelbinder und etwas Draht für Reparaturen aller Art

Ein Wasserfilter macht unabhängig und spart dazu massenhaft Plastikflaschen. Praktisch sind „Strohhalmfilter", die man auf jede normale PET-Flasche schrauben kann.

Ein Campingkocher ist ein netter Zusatz, je nach Typ und Reiseland kann aber auch auf ihn verzichtet werden. Probleme macht er außerdem häufiger beim Fliegen und teils auch bei Zugreisen (z.B. in China). Praktisch für uns war ein Benzinkocher, da der Brennstoff überall verfügbar ist.

Wenn man plant über mehrere Wochen ausschließlich zu zelten kann die Mitnahme eines kleinen Sitzfalthockers sinnvoll sein um sich auch mal entspannt hinsetzen zu können.

Wir waren sehr froh, mit Klicksystem losgefahren zu sein. Einige Etappen hätten wir nicht fahrend bewältigen können ohne die zusätzliche Kraft beim Hochziehen der Pedale dank des Klicksystems. Am alltagstauglichsten sind vermutlich Shimano-SPD-Systeme mit einem Radschuh mit Profil, mit dem man auch einige Zeit zu Fuß unterwegs sein kann.

Ein Zelt macht unabhängig und spart viele Übernachtungskosten. Ohne Zelt und der damit verbundenen Freiheit und Sicherheit, jederzeit fast überall einen Schlafplatz zu haben, wäre unsere Reise nicht möglich gewesen. Dazu stört es den Genuss an der Etappe, wenn man von festen Unterkünften abhängig ist und einen bestimmten Ort erreichen muss. Unser Zelt war ein Dreimannzelt und bei dem Gepäck sollte man auf einer Radreise für die Taschen immer eine Person extra einplanen. Dazu genossen wir unser großes Vorzelt, in dem wir gemütlich essen und alle Taschen unterbringen konnten.

Ein guter Mantel ist Gold wert. Wir haben uns dank unserer extrem zuverlässigen Mäntel (Continental Topcontact) viel Ärger und Stunden gespart, indem wir auf der gesamten Reise nur einen einzigen Platten hatten. Andere Radreisende, die wir trafen, hatten teils mehr als zehn Platten pro 1.000 Kilometer.

Gegebenenfalls ist Pannenmilch erwägenswert. Diese weißliche Flüssigkeit wird beim Einsetzen des Schlauches durch das Ventil eingegossen und kann kleine Löcher, z.B. durch Dornen von innen verschließen, sodass es zu keinem Platten kommt. Je nach Größe des Reifens müssen 30 bis 80 Milliliter in einen Schlauch gefüllt werden und bis die Milch nach etwa sechs bis zwölf Monaten eintrocknet bildet sie einen zusätzlichen Pannenschutz.

Ein gutes Multitool ist essenziell. Daran sollte neben Inbusschlüsseln auch ein geläufiger Torx sein. Auch ein integrierter Kettennieter und ggf. Nippelspanner ist sinnvoll.

Ein passender Sattel ist äußerst wichtig und spart viele Schmerzen. Welches Modell passt sollte man vorher testen und den Sattel einfahren. Dazu sollten Radhosen, die eng sitzen und ein gutes Polster haben, getragen werden. Für eine mehrmonatige Radreise empfehlen sich drei Radhosen da man sie möglichst täglich wechselt, um Sitzbeschwerden vorzubeugen.

Ein gutes Fahrradschloss ist unentbehrlich, denn wenn einmal das Fahrrad gestohlen wird (und wir trafen Radreisende, denen dies geschehen war), ist die Reise erst einmal vorbei.

Eine Wäscheleine zum Trocknen der von Hand gewaschenen Wäsche. Sechs Meter Länge haben sich bei uns als gut erwiesen. Zum Trocknen der Wäsche hilft es ebenfalls, die Wäsche in ein Handtuch einzuwickeln und darin auszuwringen und wenn ein Ventilator vorhanden ist hilft es, Kleidungsstücke an die Rotoren zu hängen denn durch den Drehwind trocknen selbst die Polster von Radhosen gut.

Und zu guter Letzt haben wir für uns erfahren, dass 100 Kilometer eine gute tägliche Etappenlänge darstellt. Je nach Fitnesszustand, Alter und Motivation kann diese Distanz natürlich stark variieren. Zu viel sollte man sich aber nicht zumuten denn neben der Belastung beim Radfahren kommen viele Dinge hinzu, die Zeit und Kraft rauben. Außerdem fehlt dann schnell die Zeit, um an schönen Stellen anzuhalten und sich auf die Zufälle einzulassen, die den Reiz einer Radreise ausmachen. Und alle drei bis vier Tage brauchten wir einen Ruhetag um nicht in eine Erschöpfungsspirale einzutauchen.

Schlussendlich aber zeigt die Erfahrung, dass man trotz aller Planung nicht auf alles vorbereitet sein kann. Genau das macht aber auch den Reiz dieser faszinierenden Reiseart aus und am Ende findet sich doch immer eine Lösung!

23 Einige Daten zum Schluss

Geradelte Strecke insgesamt:	fast genau 11.000 km
Längste Etappe: (von Dresden nach Prag)	190 Kilometer
Mittlere Geschwindigkeit:	rund 21km/h
Schnellster Tagesdurchschnitt:	28,9 km/h
Gewechselte Ketten in Summe: (je zwei Ketten für vordere Tandemkette)	11
Platten:	1
Gerissene Schaltzüge:	1
Zerbrochene Schalthebel:	1
Verschlissene Tretlager:	1
Gebrochene Knochen:	1
Längere Aufenthalte: (Istanbul, Bhopal, Varanasi, Invercargill)	4
Abendliche Snacks:	unzählbar
Erfahrungen / Freundschaften:	unbezahlbar